フランソワ・アンセルミニ＋レミ・ジャコブ〔著〕　桑原威夫〔訳〕

コルトー＝ティボー＝カザルス・トリオ

二十世紀の音楽遺産

春秋社

Le Trio Cortot - Thibaud - Casals

刊行に寄せて

ピアノ三重奏団は三人のソリストである、と有無を言わせぬ口調で言うのをよく耳にする。すると常設アンサンブルは反論し、三つの強すぎるエゴが音楽の均質性やまとまりに与える危険性を言い立てる。真実はおそらく両者の間にある。トリオはあたかも世俗の三位一体のごとく、三つの異なる個性が完璧なバランスを求めて結集した不可分の一つの全体である。アルフレッド・コルトー、ジャック・ティボー、パブロ・カザルスほど異なる三人をどうしたら想像できるだろうか？　とはいえ模範的な調和と芸術的協調が求められるときに限って言えば、戦時中のコルトーの遺憾な政治的選択は正しかった。エゴを脇に置いて作品のために奉仕する、まさにトリオの魔法がそこにある。

コルトー、ティボー、カザルスは、なぜ我々にとって大切な存在であり続けるのか？　彼らは世紀の偉大な室内楽団の中でも、常に特異な位置を我々の心の中に占め続けている。彼らはあらゆるピアノ三重奏曲を取り上げたわけではないが、主要な楽曲を網羅し、当時あまり顧みられることがなかったレパートリーを当世風に仕立て直した。弦楽四重奏ほど豊富でもなければ、時として地味でもないピアノ三重奏のレパートリーは、十九世紀におけるピアノの飛躍的な発展の恩恵を受けた。大抵はピアニストだった作曲家が、きまってピアノ三重奏曲を演奏会で披露したのである。例えば『ピアノ三重奏曲』作品九七、いわゆる「大公」はベートーヴェンの舞台上での十八番の一つだった。そのことがおそらくメンデルスゾーン、シューベルト、シューマン、ブラームス、さらにはサン＝サーンスによってピアノ三重奏曲の傑作が次々と生み出された理由かもしれない。そこでは室内楽の深遠さや親密さが、ソリストの妙技や輝きと隣り合わせになっている。

もちろん三人の音楽家が我々の記憶の中に生き続けたのはディスクのおかげでもある。トリオ・ヴァンダラーの最初期、我々は彼らの録音をいささか怪訝な面持ちで聴いていた。録音のクオリティのせいもあったが、アンサンブルの不具合やいくつか音が外れる個所、時代遅れのポルタメントのせいでもあった。時が経ち、少し経験値が増えると、我々はまったく別の感情に突き動かされるようになった。かつてシューマンの『ピアノ三重奏曲ニ短調』の暗い情熱を彼ら以上に理解した人たちがいただろうか？　カザルスはコルトーのテンポの正確さを称賛していたが、

「アダージョ」ではなく、本来の「アンダンテ」で演奏される『大公』の遅いテンポの楽章を聞けるのは幸せなことだ。同じピアノ三重奏曲の第一楽章「アレグロ・モデラート」の解釈にもみられるように、根拠のない誘惑は決してしないという基本路線が貫かれている。ハイドンの作品では、我々は有名な『ハンガリー風ロンド』の極めて的確かつ幻想性あふれる演奏解釈から直接インスピレーションを受けた。スタイルとは、何よりもまず精神ではないか？　我々はシューベルトの『ピアノ三重奏曲』作品九九に取り組む生徒たちに、カザルスが卓越したレガートで主題の四つの二分音符を細やかにアクセントをつけながら弾く第二楽章の最初の小節を聴くよう勧めるようにしている。

先駆者である彼らが他の多くのアンサンブルへの道を切り開いたと言っても過言ではない。ルービンシュタイン＝ハイフェッツ＝ピアティゴルスキー、イストミン＝スターン＝ローズといったソリストによるアンサンブル、あるいはトリオ・ディ・トリエステ、ボザール・トリオといった常設アンサンブル……。現在活動中の団体の数は、ピアノ三重奏が若手音楽家の間でブームになっていることを示している。彼ら三人のおかげで、このレパートリーは高貴な地位を取り戻したのである。とはいえ人々の心の中では、彼らはやや遠い存在の聖画像となり、徐々に消え去る神話となりつつあった。単なる伝記にとどまらない本書は、二十世紀屈指の音楽的冒険の全貌を見事に明らかにしている。人間の素晴らしい経験であったものに命を吹き込んでいる。我々が本書を通して再発見する三人の天才演奏家は、かつて我々にそうしてくれたように、彼らと同じ道を歩むことを志す若手アーティストたちにインスピレーションを与えてくれるだろう。

トリオ・ヴァンダラー

ヴァンサン・コック（ピアノ）

ジャン＝マルク・フィリップ＝ヴァルジャベディアン（ヴァイオリン）

ラファエル・ピドゥ（チェロ）

コルトー＝ティボー＝カザルス・トリオ——二十世紀の音楽遺産　目次

コルトー＝ティボー＝カザルス・トリオ

――二十世紀の音楽遺産

アンリ・エトラン画

はじめに

コルトー＝ティボー＝カザルス・トリオ（以下「トリオ」とする）は伝説的な室内合奏団でありながら、これまで研究対象になった回数は少ない。確かにレコードが数多く復刻されたおかげで、トリオの思い出は音楽愛好家の記憶に今も残っている。ところが音楽演奏史上に並び立つ者がいないこのピアノ三重奏団の足跡が、歴史学者や音楽学者の注意を引くことはほとんどなかった。これは特異な例ではない。長い間、歴史学者は一般的にまれにしか音楽界に興味を持たなかったし、音楽学者は往々にして作品と作曲家、つまり作曲プロセスの分析に没頭するあまり、演奏家が果たした極めて重要な役割を見落としがちだった。

しかし幸いなことに、そうした状況は変わりつつある。もはや音楽史のみならず、音楽活動の歴史にも光を当てる著述家が近年、フランス内外で増えている。数多くの著書が音楽作品をその文化的、社会的、政治的、経済的な文脈の中に置き直し、作曲家が多種多様な関係者（演奏家、批評家、庇護者、出版社、興行師、さまざまな音楽団体など）と仕事上の決定的な関係を保っていたことを明らかにしようとしている。本書はそうした音楽学と文化史が交わる領域で、現実の複雑さにより深く根差すとともに、より広い視野に立つことを趣旨とする。

とはいえ本書の著者は、二十世紀の最も著名なピアノ三重奏団の軌跡の解明に取り組んだ草分けというには程遠く、とりわけ二人の先達から多大な恩を受けたことを申し上げなければならない。何よりもまず、このテーマを総合的に扱った——少なくとも我々が知る限り——最初のフランス語の著書であるジャン＝リュック・タンゴーの先駆的な業績（『コルトー・ティボー・カザルス——夢のトリオの軌跡』、ジョゼット・リヨン出版、二〇〇〇年／伊藤制子訳、ヤマハミュージックメディア、二〇〇二年）に敬意を表したい。十分な情報に裏打ちされ、軽快な筆致で書かれた、極めて有用な最初の（そして現在まで唯一の）総論である。もう一冊の極めて重要な参考文献は、より専門的なアプローチによる英書である。イギリスは音楽を愛好することと、音響文化遺産の保存への強い関心が一体化している国だが、そのイギリスの傑出した音楽学者であるタリー・ポッターが二〇一二年、トリオに関する極めて注目すべき研究論文を『クラシカル・レコーディングス・クオータリー』誌に寄稿した。

そのほかにもコルトー、ティボー、カザルスの演奏会やディスクをより子細にわたって取り上げた著書がある。一部の聴衆や鑑賞者――アーティストのいずれかの近親者、音楽評論家、さもなければ一介の音楽愛好家など――が三人の活動の一側面や、彼らの演奏から受けた印象について証言を残すことがあった。

同様にトリオのメンバー個々の経歴が、かなりの数の伝記研究の対象になっている。これらの伝記研究はすでに古くなった感が否めないが、大体において、主人公が加わった並外れた室内楽体験に何ページかが割かれている。三人のアーティストの中でもパブロ・カザルスは、近代チェロの「父」と呼ばれる所以である芸術家としてのスケール感と、とりわけフランコ体制に反対し、世界平和のために闘った道徳的・政治的立場によって、最も多くの著述家の関心を呼んだ。カザルスのさまざまな伝記は、相当の部分（場合によっては大なり小なり重要な部分）をホセ・マリア・コレドール（一九五五年）やアルバート・E・カーン（一九七〇年）が記録して出版した音楽家自身の回想録に基づいている。なかんずくロバート・バルドックが一九九二年に世に送り出した一番最近の著書は「学術的」伝記の色合いが最も濃い。より控えめなサイズながら、写真が豊富に掲載されたジャン＝ジャック・ブデュの著書（『パブロ・カザルス――奇跡の旋律』、ガリマール出版、「発見」叢書、二〇一二年／細田晴子監修、遠藤ゆかり訳、創元社、「知の再発見」双書一六四、二〇一四年）は、フランス語圏の読者に最新の視点をもたらした。一方、アルフレッド・コルトーについてはベルナール・ガヴォティが一九七七年に刊行した著書が唯一の本格的な伝記で、ラジオ・スイス・ロマンドで一九五三年に放送されたインタビューを通して、アーティスト本人から情報の大部分を得ている。一九五三年に飛行機事故で早過ぎる非業の最期を遂げたジャック・ティボーは、二人の演奏仲間のように思い出をじっくり語る時間はなかった。とはいえ彼の生涯は一九八八年にクリスチャン・グボーが生き生きとした筆致で、かなり正確に描き出している。この著書でも、前述の著書と同様に、トリオに関するいくつかの断片を拾い集めることができる。

芸術と人生の両面で豊富な経験を積んだコルトー＝ティボー＝カザルス・トリオの足跡をたどる我々の企画は、こうしたさまざまな参考文献がもたらす情報を収集、照合、検証することから出発した。その後に、さまざまな図書館や資料センター（とりわけパリのマーラー音楽メディアテーク、フランス国立図書館、フランス学士院図書館）の収蔵品や、トリオの公演を受け入れた音楽関連団体（フランクフルト・ムゼウム協会、ブリュッセルのパレ・デ・ボザールなど）が所蔵する史料の中から、数多くの未公開の原資料（巻末の出典を参照）に当たることで、データの充実を図った。当時の新聞・雑誌アーカイブ（音楽関連の定期刊行物や主要紙の音楽欄）も、もう一つの重要な情報源になった。大量の収蔵品がデジタル化・オンライン化されるという奇跡のおかげで、トリオが全盛期だった時代のフランス内外（イギリス、スイス、ベルギー、スペイン）の新聞・雑誌に掲載されたプログラムや批評を幅広く閲覧できた。こうしてトリオの芸術に対する同時代の批評家の反応を調べながら、大部分の演奏会や演奏旅行の履歴を少しずつ復元することが可能になった。

我々はトリオの経歴をできる限り正確に描くよう努める一方で、音楽学や歴史学の視点から書かれた書物を通じて、トリオが当時の現実にどれほど根差していたかを推し量ることができた。例えばコルトー＝ティボー＝カザルス・トリオが結成され、瞬く間に成功を収めたことは、その才能や一体感はもちろんだが、それとは別に、音楽が愛好されていたベル・エポックのフランスやヨーロッパに見られた、室内楽に対する聴衆の新たな関心によって説明される部分もある。同様に、音楽活動がますます国際化し、一九二〇年代にレコード産業が飛躍的発展を遂げたことも追い風になった。さらに二十世紀初頭の文化的、社会的、経済的な変化の影響を強く受けたトリオの冒険は、大きな歴史の流れとも無関係ではなかった。というのも二つの世界大戦、スペイン内戦、一九三〇年代と一九四〇年代の激しい政治的対立が、いずれもトリオの運命に重くのしかかったからである。

トリオを扱った本書はデュオによって書かれた。おびただしい量の史料に当たり始めてから、最後の修正を原稿に加えるまで、我々は友好的な協力の精神を重んじ、相互補完性を常に心がけながら取り組んだ。執筆に取りかかるとき、それぞれが一見して自分の能力に最も合っていると思われる章を選んだ。フランソワ・アンセルミニが主に執筆した章（一、二、五、六、九章）ではアルフレッド・コルトー、ジャック・ティボー、パブロ・カザルスが共に歩んだ足跡を年代順に、事実に則して歴史的な見地からたどる一方、レミ・ジャコブが主要部分を執筆した三、四、七、八章では、より総合的かつ批評的なアプローチを通して、トリオが現役時代に築き、今日もなお占める地位の重要性を推し量ることができる。

第一章　トリオ以前のコルトー、ティボー、カザルス

パートナーを求めていた三人の若きスターたち

トリオのメンバーはいずれも同世代の音楽家だった。チェリスト（一八七六年生まれ）はピアニストの一歳年上、ヴァイオリニストの四歳年上だった。とはいえ彼らは地理的にも、社会的にも、文化的にも極めて異なる環境に生まれ育ち、トリオの長期存続や実り多い活動を予想させるものは何一つなかった。しかしめいめいの修業時代をつぶさに調べてみると、共通して見られる特徴や驚異的な相乗効果につながる伏線を見いだすことができる。

トリオのメンバーを紹介するときは、ピアニストから始めるのが通例である。アルフレッド・コルトーは一八七七年、スイス・レマン湖畔の町ニヨンで、スイス出身の母親とブルゴーニュ地方出身の父親との間に生まれた。芸術家の道を歩むような家庭環境ではなかった。父方も母方も

農家の家系で、音楽文化にはおよそ縁遠かったからだ[1]。にもかかわらず、この遅くに授かった男の子[2]は、たちまち興味深い家族計画の中心になった。「元来あらゆる知的活動（中でも音楽）に対して敬意」を抱き、「職業選択はもっぱら熱意と忍耐による」と考えていた両親は、彼が誕生するや否や、偉大なピアニストにすることを決めた。そのため、末っ子にピアノの手ほどきをさせるべく、二人の娘に音楽を習わせることにした。一家はジュネーヴ（一八八二年）に引っ越した後、アルフレッドにより高度な教育を受けさせようとパリ（一八八六年）に移住した。

彼がピアニストの道を歩み始めたのは、本人の好みや適性とは関係なく、両親の固い決意と姉妹の教える才能によるものだった。姉妹は「比類のない指導者」で（二人とも後年、高名な音楽教師になった）、彼の音楽的想像力を目覚めさせるとともに、「不器用[3]」を克服させるために弛まぬ研鑽を積ませた。コルトーは後に、不出来だった自分の子ども時代をよく引き合いに出した。おそらく若手音楽家を善導し、演奏家にとって練習がいかに大切かを強調するためだったのだろう。聖人伝説めいた話だが、家庭の雰囲気が描かれた私蔵史料や本人が公に語ったことがそれを裏付けている。例えばアルフレッドが一八九八年にドイツで初舞台を踏んだ直後、家族全員が「このような息子を持った[4]」ことを誇りに思うと手紙に書いて本人に送っていたし、コルトーが一九三三年に姉に宛てた手紙には「両親は僕らのため、さらに僕のためにはなおのこと、ごく当たり前のように自分たちを犠牲にした[5]」と書かれていた。

パリ音楽院における経歴に関する史料でも、才能に恵まれない生徒が苦しい修業と強い意志によって頂点に上り詰めたという自画像を、ある意味で確認することができる。担当教授の評価でもその勤勉さが常に強調されていたほか、かつての学友の証言も同様である。作曲家のジャン・ガロンは「弓のようにぴんと張り詰めた意志と狂信的な勤勉さ」に触れていたし、ピアニストのジョゼフ・モルパンによれば、彼は「教室での勉強ぶりを見ても分かるように、頭のよさと意識の高さ(6)」で抜きん出ていた。ピアニストのアンドレ・ブノワは、「目的を達成するためなら、あらゆる手段を使うような(7)」人物だと痛烈に批判していた。

コルトーは学業を修了するのに十年を要した。エミール・ドコンブ（デコンブとも）のピアノ予備科に六年、ルイ・ディエメールの本科に四年在籍した。一八九六年にようやく一等賞を獲得したが（その時すでに十九歳）、例年複数名に授与されていた同賞をただ一人で受賞するという輝かしい栄誉に浴した。パリ音楽院の指導者のおかげで、確かな技術を修得した上、決定的な出会いにも恵まれた。かつてショパンの門下生だったドコンブからピアノの詩人にまつわる逸話を聞いて胸を高鳴らせた一方、ディエメールは彼を親交のあった名演奏家に紹介した。中でもロシアの著名な作曲家でピアニストのアントン・ルビンシテインからは、コルトーが後にしばしば引用することになる助言を授かった。「坊や、ベートーヴェンというのは、ただ演奏するものではない、新たに創造するものなのだよ！(8)」。とはいえ彼に文字通りの啓示を与え、感動を呼び起こす音楽の力を身を持って教えたのは、先輩のエドゥアール・リスレール(9)だった。

コルトーは後年、自身の演奏やレパートリー、美学に深く刻まれた彼のレッスンを述懐している。「音楽が突如、私の中に入ってきた、彼が奏でる音によってではなく、その魔法のような力、伝達不可能なものを放射し、伝える力によってだ。（リスレールは）私の精神に、ある音楽の地平を開示してくれた。（…）それまで私は、そのようなオーケストラ的色彩が存在することも、また存在し得ることも想像だにしなかった[10]」。こうして「燦然たる輝きを放つ先輩に熱狂[11]」し、教育課程を修了、演奏家として頭角を現した。

すでに有名だったリスレールは、パリやベルリンでコルトーと協演し（二台のピアノによる演奏会）、駆け出しの後輩を支えた。コルトーは一八九七年十一月二十一日、コンセール＝コロンヌとの協演でソロデビューを果たした後、地方公演を行って完全に独り立ちした。しかし彼にはもう一つ別の道への熱い思いがあった。それはワーグナー音楽の指揮者だった。ここで再びリスレールが決定的な役割を演じることになる。当時絶頂にあったワーグナーの熱烈な信奉者だった彼は、毎年夏になるとバイロイト音楽祭でコレペティートルを務める常連だった。一八九六年、彼は楽友を誘って役割を分担した。コルトーは舞台裏に出入りしながら、オーケストラの響きに心酔し、楽劇『ニーベルングの指環』に熱狂した。翌年以降も夏のバイロイトに戻ったが、パリでも熱情の炎は燃え上がった。一八九九年末、『トリスタンとイゾルデ』の公演で、指揮者シャルル・ラムルーの下でコレペティートルを務め、一九〇一年には崇高な使命と考えていた事業についに乗り出した。それは『神々の黄昏』のフランス初演である。コルトーは進取の気性をいかんなく発揮し、一九〇二年五月に自ら演出と指揮を担った野心的な公演の実現にこぎ着けた。翌年、今度は『パルジファル』を上演した。次いで交響楽団「コンセール＝コルトー」を結成して活動の幅を広げ、指揮者の立場でバッハ、ベートーヴェン、ブラームスに加え、アルベール・ルーセルのような同時代のフランス人作曲家を擁護した。

とはいえ、こうした活動は全面的に成功したわけではない。いずれの批評家も異口同音に彼の度胸を高く買った一方、演奏の質に対する評価はあまり芳しくなかった。ことに興行的には惨敗だった。コルトーは重い負債を抱えたことで、一九〇五年以降は「ピアノ演奏活動をほぼ全面再開[12]」するに至ったと後に語っている。しかしこの言葉には二重の含みが持たせてある。というのも一つには、指揮活動から完全に身を引いたわけではないからだ。実際、一九一〇年までリール交響楽団の指揮者を務めていた。もう一つには、この活動の軌道修正には、オーケストラのように表現力豊かな彼のピアノ演奏を何よりも評価していた批評家と聴衆からの強い要望がおそらく影響していたからである。例えば一九〇九年五月二十三日のリール交響楽団公演では、リストの『ハンガリー狂詩曲』の「劇的」なピアノ演奏の後、彼が「指揮のためにタクトを取ると、聴衆は再び喝采した[13]」と、当時のレコー・デュ・ノール紙が報じている。このようにコルトーはワーグナー作品の公演で有名になった音楽家であり、現役指揮者として活動を続けた一方で、とりわけソリストとして高く評価され、一九〇六年には三重奏団のピアニストになる素地がすっかり出来上がっていた。

我らがヴァイオリニストはトリオの中でおそらく最も典型的な修行時代を送ったといえる。一八八〇年にボルドーで生まれたジャック・ティボーは、音楽にあふれた家庭で育った。父のジョルジュはボルドー大劇場管弦楽団のコンサートマスターを務めたヴァイオリニストで、引退後は教育活動に専心、地元で高名な教授だった上、ウジェーヌ・イザイやエドゥアール・コロンヌなど、当代一流の音楽家とも親交があった。ジャックはコルトーと同様に末っ子だったが、ティボー家は他の兄弟も皆がプロの音楽家になった。二人はピアニスト、一人はヴァイオリニスト、もう一人はチェリストだった[14]。ジョルジュ・ティボーと息子たちは週二回、自宅の応接間に友人を何人か招いては、三重奏曲や四重奏曲を演奏した。

最初のレッスンでジャックの「驚くべきピアノの素質」を見て取った父親は、息子に「リストやタールベルクと同じ道[15]」を歩ませるつもりだった。ジャックは五歳で最初に開いた独奏会でピアノを演奏した。しかし彼が本能的に惹かれていたのはヴァイオリンだった。ジャーナリストのジャン＝ピエール・ドリアンが聞き書きした回想録[16]によれば、兄から楽器を借りて、ベートーヴェンの『ロマンス第二番ヘ長調』を独学で弾いたほどだった。さらに一八八八年にほぼ同時に起こった二つの「衝撃的」な出来事によって、その思いがいっそう募った。一つはヴァイオリニストの兄（イポリート）の悲劇的な死であり、もう一つはベルギー・ヴァイオリン楽派を代表する名手セザール・トムソンがボルドーで開いた演奏会で、ベートーヴェンのヴァイオリン協奏曲を初めて聴いたことである。

明確な志を前にして、父親が楽器を替えることに同意すると、ジャックはめきめき頭角を現した。八歳のとき、ボルドーの聴衆の前で兄たちとモーツァルトの弦楽四重奏曲を披露した。一八九二年二月二十八日、十一歳のとき、父親の友人の音楽評論家が彼のためにアンジェで演奏会を開催した。地元紙は称賛し、輝かしい将来を予見した。同年、ボルドーの二つの交響楽団（サント＝セシル、フィラルモニック）に第一ヴァイオリン奏者として入団した。程なくして後者の楽団が演奏会にベルギーの偉大なヴァイオリニスト、ウジェーヌ・イザイを招いた[17]。ジョルジュ・ティボーはこの機会を利用して、イザイに息子の演奏を聞かせた。決定的な出会いだった。ジャックにとってイザイは常に「(彼) 自身の憧憬が具象化された姿」、「素晴らしい生気あふれる触媒役[18]」だった。イザイは彼に助言と示唆を与え、後に自分が所有する貴重な楽器のうちの一挺（ベルゴンジ）を貸し与えるほど目に掛けた。

若きヴァイオリニストはブリュッセルに行って、このカリスマ的指導者に師事することを夢見たが、父親はパリ音楽院のマルタン・マルシックのクラスに入れることに決めた（一八九三年十一月[19]）。ジャックはこの師と親子のような関係を結んだ。マルシックは彼に類まれな才能を見いだし、より一層厳しく指導した。天賦の才に恵まれたおかげで、パリ音楽院もとんとん拍子に進級した。一八九四年と翌九五年の卒業試験に失敗し（本人曰く緊張のせい）、自尊心が傷ついた彼は、一八九六年に獲得した一等賞を（三年しか費やしていないにもかかわらず）「長い道のり」だったとしている。一等賞第四席だったことにも「苦い栄光の味[20]」を覚えた。何はともあれ、彼の才能は最高教育機関からお墨付きを与えられ、十六歳で演奏家への道が開かれた。

　実際にはその前から演奏家の道を歩み始めていた。兄のジョゼフ（ピアニスト）、フランシス（チェリスト）、その他の若い音楽家たちとパリの学生アパートのようなところに住み、友人同士で即興合奏するのを楽しんだりしながら自由気ままに暮らしていたが、とにかく金に不自由していた。そこでマルシックの激励を受けて、「カフェの楽団で弾く無名の新米ヴァイオリン[21]」奏者から華々しく活躍するソリストへと、いわゆる「出世階段」を上ることにした。その手始めとしてテアトル・デ・ヴァリエテの第二ヴァイオリン奏者になり（一八九三年十二月）、オーケストラボックスからブールヴァール劇やオペレッタのスターたちに惚れ惚れと見とれた。翌年、コンセール・ルージュ楽団にヴァイオリン・ソリストとして入団、これが決定的な一歩となった。この新しい楽団は一八八八年に結成されたばかりで、当時はチェリストのフランシス・トゥーシュが指揮し、高い技量で名声を博すとともに、耳の肥えた音楽通が演奏会に足しげく通っていた。ティボーはここで三年にわたって研鑽を積み、サン＝サーンスの『序奏とロンド・カプリチオーソ』作品二八を弾いて異彩を放った。一八九七年のある夜、この十八番を演奏していると、彼の父親をよく知る指揮者のエドゥアール・コロンヌ（彼もボルドー出身のヴァイオリニスト）が若き名手を聞きにやってきた。コロンヌはすぐに就職先を提示した。こうしてジャックはフランス有数の管弦楽団に入団し、「出世階段」の最後の一段にたどり着いた。

　イザイの後、ティボーは二人目の後見役に出会った。彼は後年、「エドゥアール・コロンヌのタクトから生まれた」[22]と述懐している。何よりもまず、楽団員として経験を積むことでヴァイオリニストの仕事を身に付けることができた。とりわけコロンヌは貴重な助言を惜しみなく与えたほか（とりわけ技巧に走り過ぎないように）、サン＝サーンスやショーソン、若きドビュッシーらが出入りしていたサロンに連れていった。さらにコロンヌは彼を引き立てて、楽団の第二ヴァイオリン・ソリストに就けた。ティボーは一八九八年十一月二十日に本格的にデビューしたとよく語った。コロンヌ管弦楽団はこの日、ヴァイオリン・ソロに手ごわいフガートが与えられた『前奏曲』で名高い、サン＝サーンスのオラトリオ『ノアの洪水』を演奏する予定だった。彼よりも経験豊かなソリストたちの欠席（ギヨーム・レミとジュール・ブーシュリの二人とも病欠）で急遽抜擢された十八歳の青年は、華麗な演奏を披露して一躍有名になった。確かに彼の演奏が聴衆を感動させたのは事実だが、当時の新聞雑誌を読むと、この伝説に多少脚色が含まれていることが分かる。というのも、その日以前にも、ティボーはすでにソリストとしてパリで演奏していたばかりでなく（コロンヌ管弦楽団または兄ジョゼフとの協演で）、ウィーンをはじめとする外国でも独奏を披露していたからだ。

いずれにせよ、ティボーはその後、瞬く間に全国的、国際的名声を得た。コロンヌ管弦楽団を退団し、慌しいペースでヨーロッパ各地を巡回（一九〇二年にはロシア公演も）、次いで一九〇三年にアメリカ公演を行う一方で、フランスの評論家は彼の名人芸とエレガンスを称賛して止まなかった。

パブロ（パウ）[23]・カザルスの修業時代は、コルトーのそれと比較することができる。というのも両者共にフランス楽壇とは無縁の家庭に生まれ、独自の道をたどって成功を手にしたからだ。とはいえ、カザルスは家族から行き届いた教育を受けた早熟さではティボーに近いと言える。彼は一八七六年、バルセロナの南西方にある小さな町アル・バンドレイで生まれ、オルガニストでピアノの先生だった父のおかげで、「（彼の）幼時から音楽に囲まれて」育った。

二歳で「その音を余さず吸収しようと[24]」楽器に頭を押し当てて、父親が弾く音を聞き分けようとした。四歳で自らピアノを弾き、五歳でミサで歌い、六歳で最初の楽曲を書き、七歳でヴァイオリンを始め、九歳でオルガンを弾き始めた。二年後（一八八八年）、バルセロナ音楽院教授のホセ・ガルシアがチェリストを務めた三重奏団の演奏会で運命の楽器に出合い、すっかり魅了された。それ以来、「とても美しく、優しく、人間的な[25]」音色のチェロを習うことだけをひたすら願った。

父親が彼の感性を目覚めさせたのであれば、彼の才能を誰よりも信じていたのは母親だった。偉大な演奏家になると信じて疑わず、パウをホセ・ガルシアの下で学ばせるためにバルセロナに送り出した。加えて、息子は母親から強い気性を受け継いだ。ごく早い時期から、いかなる形の不正義も我慢できず、母親譲りの鋭い感受性と情熱的で一本気な性格の持ち主だった。青年期には、一八八八年末に移り住んだバルセロナで「貧困、悲嘆、人間に対する人間の残酷さ[26]」を目の当たりにし、絶望のときを過ごした。この頃から、極度に強い感受性に加えて、意志と信念の力が備わった。疑うことを知らず、頑固一徹にさえなった。音楽院に入って間もなく、右肘と左手により柔軟性を持たせるべくチェロ奏法の改革に取り組み、師匠の賛同を得るに至った。その一方で最初の演奏会を町外れの「カフェ・トスト」で行い、三重奏団で毎夜演奏するようなった。レパートリーは通常、通俗的な音楽に限られたが、パウは演奏仲間、雇い主、客を説得して、週一回はより「高尚な」音楽に当てるようにした。

こうしてベートーヴェン、ブラームス、バッハが彼のお気に入りの作曲家になった。一八九〇年、ある店でバッハの六つの無伴奏チェロ組曲の楽譜を掘り出した。これらの楽曲は彼の尽力によって、後に世界中に知られるようになる。同年、パウの演奏をカフェ・トストで聞いた作曲家イサーク・アルベニスが、一緒にロンドンに来て勉強するよう持ちかけた。母のカザルス夫人がこの申し出を拒んだため、アルベニスはスペイン王家に近しい貴族で音楽愛好家のモルフィ伯爵に若き音楽家を推挙するにとどめた[27]。カザルスはさんざん悩んだ末、一八九三年、この一風変わった人物の下で学業を修めるため、母親や弟たちとマドリードに移り住んだ。

モルフィは芸術家たるもの、できる限り広い教養を身につけるべしとの信条を掲げ、音楽とまったく同様に哲学、科学、歴史を勉強させたほか、プラド美術館に連れて行ったり、国会の議論を傍聴させたりもした。彼の支援のおかげで、王家の庇護はパウにも及んだ。給費を受けた上、しばしば王宮で演奏したことで、マリア・クリスティーナ王太后や若きアルフォンソ十三世とも親しくなった。さらに王立音楽院で室内楽（ヘスス・デ・モナステリオに師事）と作曲（トマス・ブレトンに師事）を学んだ。

二年後、彼の庇護者とカザルス夫人との間で不協和音が高まり、パウはマドリードを離れ、予定よりも早くベルギーの首都ブリュッセルに赴いた。彼はここで学業の仕上げをする計画だった。しかしパウの一徹な性格が露呈したある出来事によって、この計画は頓挫することになる。というのも音楽学校でチェロ科教授に嘲笑的な態度で迎えられ、その場でブリュッセルに見切りをつけてパリで一旗揚げる決意をしたからだ。教授の謝罪も受け入れず、この一件がモルフィ伯爵の逆鱗に触れて、国王の給費も打ち切られたが、翻意することはなかった。見知らぬ町で仮住まいをしながら、ミュージックホール「レ・フォリー＝マリニー」の楽団に入り、彼もまた「出世階段」を上り始めた。しかしひどい赤痢を患った上、経済的にも次第に立ち行かなくなり、数カ月後にバルセロナに帰郷した（一八九六年初め）。

すでに名声を築いていた町に帰還したことで、経済状態は瞬く間に改善した。市立音楽院で恩師ガルシアの後任として教職に就いた一方、リセウ大劇場管弦楽団の首席チェリストに就任した。さらにマドリードでトマス・ブレトン指揮のオーケストラと初協演し（ラロの『チェロ協奏曲』）、著名音楽家とスペイン各地を巡演した。具体的にはベルギーのヴァイオリニスト、マチュー・クリックボーム率いる弦楽四重奏団（第二ヴァイオリンはジョセップ・ロカブルナ、ヴィオラはラファエル・ガルベス）に入団したほか、ピアニストのエンリケ・グラナドスが贔屓のパートナーになった（ソナタで、またはクリックボームと三重奏で）。

その一方でカザルスは、パリへの一刻も早い帰還をめざしていた。モルフィ伯爵と和解し、彼の仲介でアメリカのソプラノ歌手エマ・ネヴァダ[28]と出会った。彼女は一八九九年春、イギリスとパリの演奏会で伴奏するよう彼に提案した。カザルスは二つ返事で引き受けた。このイギリス公演中、ロンドンでサン＝サーンスの『チェロ協奏曲第一番』を弾いてデビューを飾ると（五月二十日）、ヴィクトリア女王の御前でも演奏した[29]。パリではモルフィ伯爵とネヴァダの後押しで、コンセール・ラムルーにソリストとして雇われた。ラロと（十一月十二日と十九日）とサン＝サーンス（十二月十七日）のチェロ協奏曲を演奏し、評論家から「作品の魂をつかむ」ことのできる「熱気と生気にみなぎる」演奏家だと認められた[30]。プロ演奏家の道はすでに始まっていた。パリの管弦楽団からも、ブゾーニやハロルド・バウアーのような著名ピアニストの演奏相手としても、最も華麗なサロンの招待演奏家としても引っ張りだこだった。一九〇一年、初のアメリカ公演を果たした（エマ・ネヴァダ、ピアニストのレオン・モローと）。一九〇四年、アメリカに再上陸、とりわけニューヨークで、リヒャルト・シュトラウスの『ドン・キホーテ』の作曲家本人の指揮によるアメリカ初演で演奏したほか、ホワイトハウスでセオドア・ルーズヴェルト大統領の前で演奏した。この数年間に約二十カ国（ロシアや中南米を含む）で公演、トリオの冒険にまさに乗り出そうとしていた頃、一シーズンの公演数は約二百五十回に達していた。ル・フィガロ紙[31]は当時、「だれもがカザルス氏は当代随一の名演奏家だと口をそろえる」と書いていた。

コルトー、ティボー、カザルスが若い頃に歩んだ道はいずれも、やがて彼らが知り合うことになるベル・エポックのパリに通じていた。遠く離れた地点から出発し、歩むペースもたどる過程も三者三様の道のりだった。

後にトリオを組んだ彼らを評して、極めて異なる芸術的個性とよく言われたのも無理はない。しかしロマン派時代の巨匠の薫陶を受けた三人は音楽解釈について、おおむね同じ考え方をしていた。それは前世紀から受け継がれ、何よりもまず主観性に基づくものだった。演奏家の使命とは、一つには楽譜に生命を与えること、もう一つには作曲した当時の作曲家の精神状態を見いだそうと努めることはもとより、演奏家自身の想像力と感情に基づいて作品を再創造することだった。そうした企てにおいては、表現の追求が譜面の尊重に優先されたほか、ルバートは音楽に命を吹き込み、雄弁さを与える重要な手段だった。

我らが三人の音楽家はこうした考え方（彼らの世代の考え方）を共有していた一方で、各自が用いた奏法や得意としたレパートリーには大きな違いがあった。二人の弦楽奏者を比較すると、その違いは歴然としている。ティボーとカザルスは二人とも響きの美しさを極めていたが、ティボーのそれは優雅さと天性の魅力から来るもので、他方のカザルスは地道に積んだ修練の賜物だった。ティボーは浅薄とは言わないまでも、華麗な楽曲に対する彼の嗜好が示すように、妙技の魅力を蔑むようなことはなかった。優雅さ、快活さ、明晰さ、これらの美質は当時、フランスの美徳と考えられており、彼は極めて早くから典型的なフランスのヴァイオリニストと目されていた。加えて、かつてピエール・バイヨ[32]が所有していたストラディヴァリウスを一九〇三年に取得したことで、名高い仏・ベルギー楽派の象徴となった。ほぼ生まれながらにして持ち合わせた彼の演奏スタイルを育て上げたのが、同派のマルシックとイザイである。ティボーはショーソン、ラロ、そして特にサン＝サーンスの代表的な名手だった。彼の最初の成功はサン＝サーンスの作品によるところが大きい。やがてドビュッシーやフォーレの演奏で異彩を放つようになる。本人自らこのフランス的性格を標榜していたが、その枠に彼を押し込めるのはいささか性急に過ぎる。というのもティボーは厳格さや深みを欠くと（時として不当な）非難を受けたとはいえ、ドイツ系のレパートリーを敬遠などまったくしていなかったからだ。彼は兄たちと自宅の応接間で、ハイドン、ベートーヴェン、シューベルト、モーツァルトの三重奏曲や四重奏曲を演奏していた。モーツァルトは昔から彼のお気に入りの作曲家だった。さらにフランス人ヴァイオリニストの中で、いち早くブラームスを演奏会で大きく取り上げた一人でもある。これはおそらくトリオの仲間に影響を受けたのだろう。

　カザルスの嗜好とスタイルは正反対のように見える。ティボーの魅惑的な軽快さとは打って変わって、カザルスは集中力と真剣さで聴衆の心を打った。練習の虫だった彼は、技術の習得に細心の注意を払った。しかしそれ自体が目的ではなく、それは「ただひたすら音楽に奉仕する」[33]ための手段だった。彼にとって、演奏は常に教育活動だった。なぜなら演奏は彼が崇拝する作曲家、何よりもまずバッハ、そしてベートーヴェンとブラームスの峻厳な美しさを披露することだったからだ。フランス音楽に極めて慎重な姿勢を示したのも、こうしたドイツ系音楽に対する嗜好（一九〇〇年頃、彼もまたワーグナー信奉者だった）の裏返しだった。彼は一九五〇年代、ラヴェルやドビュッシーは「音楽の本流から外れた退廃的な流れ」だと見解を述べていた。これらの作曲家の「甘美で詩的な魅力と和声の手法」は認めるものの、そこには「装飾的な音楽」[34]しか見いだしていない。しかしここでもいくつかの修正を施すべきだ。一つは、彼が名声を得たきっかけは、すでに見てきたように、バッハの無伴奏チェロ組曲やブラームスのチェロ・ソナタではなく、ラロやサン＝サーンスのチェロ協奏曲だったことである。それに彼の態度には衒学趣味的なところはみじんもなかった。彼にとって最も重要なことは、音楽が彼の中に呼び起こす感動を聴衆と分かち合うことであり、激情のあまりに音程が危うくなることすらあった。

コルトーはと言えば、嗜好の点でカザルスに近いように思える（ロマン派、ドイツ音楽）。「交響的」な視野の広さの点でも（二人とも名演奏家という肩書きは窮屈だと感じており、オーケストラの指揮に惹かれていた）、演奏に対する倫理観の点でも同様である。彼のピアノは豊かな表現力と自由奔放に見える多彩なニュアンスで楽曲を歌い上げたが、実際には丹念に練り上げた作品の世界観、すなわちひたむきな練習に基づいていた。この「即興に見せかけた統制」[35]は、彼のパートナーのヴァイオリニストが発散する自然な魅力とはおよそ無縁だった。カザルスによれば、ティボーは「多くの面でコルトーと正反対で、練習が嫌いだった」[36]。コルトー本人も同じ意見だった。

彼はモーツァルトではティボーに舌を巻いたが、「ベートーヴェンでは浅慮」だと感じていた。この作曲家に対するティボーの掘り下げ方が、彼には物足りなかった。より全般的には、彼はティボーのことを「軽快で、陽気で、愉快で、ややもすれば表面的」になりがちで、自分とは「まったく違う」[37]と語っていた。その一方で、二人の音楽家は共にフランス音楽に対する鮮烈な感性を持っていた。コルトーはフランス音楽の基礎をディエメールのレッスンで習得した。遅まきながら取り組んだサン＝サーンスやドビュッシーの解釈は、熱情のほとばしりや洗練性で他の演奏家の追随を許さなかった。彼は一九〇〇年代、ワーグナーやベートーヴェンの第一人者だったのみならず、フォーレでも右に出る者はいなかった。とりわけ『夜想曲』の第七番と第九番をはじめ、この作曲家の作品をいくつも初演している。

ドイツ系とフランス系の二つの音楽を源流に持つコルトーは、将来のパートナーの間を取り持つバランス役として適任だった。その上、彼は本物の伴奏者になる稀有な才能を備えていた。ワーグナー作品の指揮者やピアニストとして歌手たちと接する中で培われた才能である。バス・バリトン歌手のドダ・コンラッドはたびたび彼の伴奏で歌ったが、彼の鍵盤は歌声の向こうを張ることなく（他のピアニストはよくそうするが）、支え役に徹していたと語っている。「心配しないで、ついていくから」、そうコルトーは相手を気遣って繰り返し口にしていた。彼の室内楽演奏法のモットーとも言える言葉である。[38]この名ピアニストは独奏では主観が勝って音楽を曲解することもあった一方、他の演奏家と舞台を共にするときは、一歩引いて黒子役に徹し、協演者を引き立てることもできた。コルトーはこの伴奏の神髄をカザルスも心得ていると思っていた。彼はカザルスのチェロ演奏について触れ、「ハイドンの『ピアノ三重奏曲第三九番ト長調』のシンプルな通奏低音パートを、控えめながらも驚くほど多彩な変化をもたせて[39]」弾いていたと述懐している。

三人は強烈で特異な音楽的性格の持ち主だったが、他者に耳を傾ける能力も備えていた。これがトリオの補完性の鍵かもしれない。現に彼らの芸術的個性が形成される過程には、もう一つの共通点があった。それは早くから室内楽に情熱を注いでいたことである。例えばティボーにとって、室内楽は「音楽形式の中で最も美しく、最も完璧」だった。先述したように、この嗜好はボルドー、次いでパリで家族と演奏する中で目覚めた。彼は有名になってからも家族と演奏することをやめなかった。例えばティボー兄弟は一八九九年四月二十四日、サル・プレイエルで三重奏曲を協演した。ジャックは二重奏や四重奏の演奏会にもたびたび出演した。一九〇〇年一月四日、スタンレー・モーゼス、アンリ・カザドシュ、兄のフランシスとサン゠サーンスの『弦楽四重奏曲第一番』を初演した。カザルスも同様に「独奏曲よりも室内楽曲を演奏する方がはるかに好き」だと明言している。ソナタや四重奏を軽んじることは決してなかったが、三重奏が彼の修業時代で最も大きな役割を演じた。チェロの魅力に初めて触れたのは三重奏を聴いたときだったし、カフェ・トストで初舞台を踏んだのも三重奏団の一員としてだった。グラナドス、クリックボームと組んだ三重奏団ではスペイン全国に名を馳せた。コルトーも「室内楽を演奏することはこの上ない大きな喜び」だと言っていたし、極めて早い時期から他の楽器との対話に興味を示していた。パリ音楽院時代にすでに楽友のヴァイオリニストに頼んでソナタを初見で演奏していたほか、自ら志願して管楽器クラスの伴奏者を務めていた。この室内楽の実践経験は「内なる願望に従ってピアノを演奏する」ことを学ぶ機会となった。というのも弓を手本にしながら彼の楽器の「打撃音を忘れさせる」ように努めるとともに、弦（または声）の抑揚に合わせて彼のフレージングを形作ったからである。(40)

この三人に共通する室内楽への愛情に加えて、将来の三重奏団「コルトー＝ティボー＝カザルス」の第二の柱と言えるのが、お互いに対する深い尊敬の念である。いずれも他の二人の長所を高く評価するのに十分な感受性と知性を持ち合わせた音楽家だった。カザルスはパートナーたちを「最高峰のアーティスト」と評し、一方は「比類なき優雅さでヴァイオリンを弾き」、他方は「現代の最も偉大なピアニストの一人で（…）、驚くべき力強さと限界知らずの躍動感を持っていた」と語っていた。(41) コルトーも同様に、一九五三年のラジオ番組のインタビューで、友人たちに対する感動と感嘆に満ちた回顧談を語っている。悲劇的最期を遂げて間もない友人については、「ジャック・ティボーを知らない人に、彼が何者なのか（…）を説明することはできない。奇跡とは本来、説明不可能なものだから」と述べた。(42) 同様にカザルスについては、力強い表現力で他を寄せつけない「現代の最も偉大な演奏家」と評し、リスレールと並んで模範とすべき主要な芸術家として認めていた。ティボーはより簡潔明瞭な言い方で、チェリストを「音楽史上最も純粋な才能を持つ一人[43]」と評する一方、自身の演奏家人生とコルトーのそれは常に切っても切れないものだったと語っていた[44]。

　コルトー、ティボー、カザルスという三人の音楽家が、嗜好やスタイルの明確な違いを超えて結ばれたのは、世に出るや否や聴衆の心をわしづかみにした表現力豊かな躍動感の持ち主という共通点はもとより、とりわけそれぞれの楽器の枠を大きく超えた彼らの芸術への愛情だったように思われる。

　こうして三人が演奏家として歩み始めた道は、一九〇〇年代の芸術と社交の中心地パリで交わる運命にあった。そこで彼らの間に友情が芽生えたとしてもそれほど不思議なことではない。音楽から生まれ、音楽を通して育まれるこの友情こそが、トリオを結びつける最も強い絆となる。

第二章　室内楽、テニス、社交界

トリオ結成

　トリオは一九〇六年五月二十五日に行った最初の公開演奏会から、すでに奇跡のように受け取られていた。ずっと後になって製作されたレコードに耳を傾けている今日の音楽愛好家と同様に、最初の演奏会の聴衆は、三人の才能の合算が生み出す一体感と充実感にたちどころに魅了された。とはいえ最大の奇跡は、コルトー、ティボー、カザルスが舞台で協演したことだ。当時（そして今もなお）これほどのスターが室内楽で顔をそろえるのは、ただでさえ異例だったが、その後も三重奏団として長く存続したことはさらに特異なことである。それゆえに彼らが一緒に演奏するに至った経緯を追うことが望ましい。実際、この舞台上での初顔合わせは何年も前から準備されていた。その間に三人は文化界や社交界でめいめい経験を積み、そこで広げた人脈を通して、友情と芸術の絆を結んだ。いずれにせよ、大成功をもたらした一九〇六年五月二十五日の演奏会が持つ意義は極めて大きい。というのも一夜限りで終わるはずだった協演の翌日から、トリオは常時ではないにしろ、定期的に演奏活動を続ける三重奏団となったからだ。

最初に出会った二人はアルフレッド・コルトーとジャック・ティボーで、一八九四年から一八九六年までの間、共にパリ音楽院生だった頃に親交を結んだ。コルトーは当時、ピアノの妙技以外にも視野を広げたいという思いから、楽友の何人かにヴァイオリンとピアノのための楽曲の研究を持ちかけていた。その中にはジョルジュ・エネスコやジュール・ブーシュリもいたが、コルトーが回顧談で「ボルドーの美少年」と形容したティボーも含まれていた。そしてレパートリーの名作ソナタに対する「みずみずしい好奇心」を介して、彼らの間に「兄弟のような絆」[1]が生まれた。後に二人の若き音楽家が成功に向かって歩んだ道は絶えず交わり続けた。

例えばコルトーが一八九七年十一月二十一日、コロンヌ管弦楽団と協演してパリで本格デビューを果たしたベートーヴェンの『ピアノ協奏曲第三番』では、同楽団のヴァイオリニストの中に入団して間もないティボーがいたようである。同様にコルトーは一年後、先述したティボーが『ノアの洪水』の『前奏曲』で記念すべき成功を収めた演奏会に出演していた。この「サン゠サーンス祭」（一八九八年十一月二十日）のプログラムには、コルトーと彼の師ルイ・ディエメールが演奏した二台のピアノのための『ベートーヴェンの主題による変奏曲』が載っている。

コルトーとティボーの間に生まれた友情は、彼らの師であるディエメールとマルタン・マルシックが長年深めた親交によって育まれた。例えばコルトーとマルシックは一八九八年六月五日、画家ジャン＝フランソワ・ラファエリ邸で催された音楽の夕べで演奏した[2]一方、ティボーは後述する通り、ディエメール邸のサロンに足しげく通っていた。コルトーとティボーのデュオは、半世紀近く活動を続けることになるが（一九四四年まで）、聴衆の前で初めて演奏したのは一九〇〇年の「万国博覧会の演奏会」でのことだった。ここでもまたサン＝サーンスの音楽が彩りを添えた。十月二十二日に「文学・科学・芸術館」で二人が協演したのは、彼の『ヴァイオリン・ソナタ第一番』作品七五だった[3]。

それと相前後するようにコルトーは、シャルル・ラムルーが一八九九年秋にヌーヴォー＝テアトル（新劇場）で『トリスタンとイゾルデ』を指揮した際に、パブロ・カザルスと親しくなった。コルトーは前述した通り、この公演でバイロイトと同様の役割、すなわち合唱指揮者とコレペティートルを演じていた。他方、カザルスは本人も大のワーグナー信奉者だった上、この同じコンセール＝ラムルーでソロデビューを飾ったばかりだった。彼は自らが心酔する音楽により深く浸るため、この公演期間中、楽団の列に加えてくれるよう頼み込んでいた。コルトーは稽古中、「チェロの三番目か四番目の譜面台を使っていた」青年の真面目さと熱意に強い感銘を受けた。彼ら共通の情熱から音楽家同士の友情が生まれた。「私たちはすぐに室内楽を演奏した[4]」とコルトーは後に語っている。その中で、エネスコが加わって三重奏曲を初見で弾くこともあったと述べている。とはいえ、二人はチェロとピアノの二重奏を聴衆に披露する必要性を直ちに感じることはなかったようだ。我々が収集した史料によれば、コルトーとカザルスが一緒に舞台に登場し、ベートーヴェンの『魔笛の主題による七つの変奏曲』を演奏したのは一九〇六年二月二十日、トリオの最初の演奏会のわずか数カ月前だった(5)。

他方のティボーとカザルスは、初対面の正確な状況に関する証言を残していない。しかしながら二人とも密接なつながりを持っていたベルギー楽派が、最初の出会いの背景にあったと考えられる。カザルスは(一八九七年から翌九八年までバルセロナで三重奏団を組んだ)マチュー・クリックボームのおかげで、ウジェーヌ・イザイと知り合い、彼に深い感嘆の念を抱いた。イザイは前章で見たように、ティボーの長年の助言者である。トリオの将来の弦楽奏者となる二人は、おそらくこの巨匠の取り巻きの一員として引き合わされたのだろう。いずれにしろ、彼らが一九〇〇年に演奏会で協演したのは確かである。中でも社交界の催しで、極めて興味深いプログラムが組まれた昼間の音楽会が挙げられる。それはルイ・ディエメールが五月八日、私邸でエドゥアール・ラロを記念して催した宴である。ティボーとカザルスはこの作曲家の『ピアノ三重奏曲イ短調』作品二六を、館の主人でピアノ・パートを担ったディエメールの傍らで演奏した。このディエメール＝ティボー＝カザルスの組み合わせは、一回限りとはいえ、我らのトリオの到来を一目瞭然で告げている。二人の弓が奏でた響きがここですでに交差し、コルトーの恩師が弾く鍵盤の調べと混ざり合ったからだ。そもそもコルトーも華やかな聴衆の中にいたと推測することができる。当時の新聞の社交欄によれば、この日は聴衆が「素晴らしい演奏家たちに熱狂し、大盛況となった(6)」

この二十世紀初頭に、一世代前の複数の大物たちの庇護を受けながら、我らが三人の音楽家は知り合った。エドゥアール・コロンヌ、マルタン・マルシック、シャルル・ラムルー、ウジェーヌ・イザイ、ルイ・ディエメールなど、こうした巨匠たちがロマン派の芸術的価値を彼らに伝承し、彼らのデビューを後押しした。同様に彼らの関係の大半は、十九世紀から受け継がれ、ベル・エポックでも決定的な地位を占めていた社会的・文化的環境の中、すなわちパリのサロンで築かれた。貴族やブルジョワのエリートたちは当時、いわば国の無策を補う形で（真の音楽政策はまだ存在しなかった）、音楽活動の重要なメセナ役、支援役を果たしていた。[7] 社交界では音楽愛好とスノビズムが密接に結びついていたが、そうした上流階級の中には、プロの傍らで演奏できるほど才能に恵まれたアマチュア演奏家や、新しい才能を見抜く確かな目を持った音楽愛好家もいた。そうした彼らが催す招宴は、しばしば気前よく謝礼をはずんで作曲家や演奏家を迎えたので、音楽家にとってもキャリアを積む上で避けては通れない道だった。

コルトー、ティボー、カザルスは三人とも、その当時最も高名な複数の音楽サロンの常連だった。中でもメナール＝ドリアン夫人のサロンが挙げられる。というのも彼らが最も足しげく通っていたのが、この「進歩的」なブルジョワジー（もっと言えば「キャビア左翼」[8]）の貴婦人の邸宅だったからだ。彼らは「うんざりするほど贅沢」[9] なもてなしが振る舞われる邸宅で、数多くの作家や芸術家、第三共和政の大物政治家（クレマンソー、ヴィヴィアニ、ブリアンなど）と接していた。当時は三人ともドレフュス派陣営だったこともあり、どう見ても政治的な意見で足並みはそろっていた。カザルスは回想録で、コルトーと同様にドレフュス支持運動への参加に言及している。コルトーもレオン・ブルムの親友だった。ブルムは当時、メナール＝ドリアン夫人の個人秘書を務めていたが、「ドレフュス事件」をきっかけにジョレスのもとで政界に進出しつつあった。他方、ティボーはドレフュス擁護派の弁護士フェルナン・ラボリの友人だったと語っている。したがってこの時点では、一九三〇年代に三人の友情を壊し、トリオ分裂の理由の一部にもなった政治的対立を予感させるものは何一つない。ともかくベル・エポックでは音楽が最優先で、トリオが初舞台を迎える前に最初の演奏を聞かせたのも、メナール＝ドリアン夫人のサロンだったかもしれない。

コルトー、ティボー、カザルスは、それ以外の邸宅でも顔を合わせた。グレフュール伯爵夫人（コルトーのワーグナー作品上演企画に出資）の邸宅やサン＝マルソー夫人邸(10)といったより貴族的な屋敷や、「招宴を催す」ほどの社交家で裕福な楽壇の重鎮たちの邸宅である。例えばエドゥアール・コロンヌや作曲家のエルネスト・ショーソン、ピアニストのアベル・ラム、ギュスターヴ・リヨン（プレイエル社長）、そして中でもディエメールが挙げられる。コルトーの恩師で、非の打ち所がない上流人のディエメールは自宅に自前でコンサートホールまで作り、すでに見てきたように、将来トリオを組むことになる三人もここで演奏した。彼は華やかな招宴も催し、「やがて名を成すであろう若手」たちを何人も目にしたとヴァイオリニストのジュール・ブーシュリが述懐している。例えばレナルド・アーンやフルート奏者で指揮者のフィリップ・ゴベール、リスレール、カザルス、「カラブリアの盗賊のような口ひげを生やしたコルトーとティボー（後に二人ともひげを剃った）[11]」などである。

とはいえ三人は、もっと肩肘張らない雰囲気の中で顔を合わせ、演奏家生活の義務から解放されて思う存分に友情を温めることもあった。毎年夏の初め、演奏会のシーズンが終わり、世界各地の巡回公演から戻ってくると、名だたる名手たちが完全に非公式な場で室内楽を楽しむために三々五々集まってきた。「われわれはさんざん聴衆の前を練り歩いてきた（…）ので、自分たちが楽しむために音楽をやりたかった[12]」と、この件について語るパブロ・カザルスは、そこに最も素晴らしい思い出があると述べている。カザルスは晩年、パリのニエル大通りにあったティボーの自宅を根城にした「内輪の集まり」について詳述している。

このちょっとした集まりは、われわれの最も大切な習慣、言ってみれば儀式のようなものになった。一般的な意味での儀式めいたところはまるでなかったが。（…）われわれのグループにはイザイ、ティボー、クライスラー、ピエール・モントゥー、コルトー、バウアー、エネスコ、そして私がいた。（…）イザイはロシア公演から戻ってきた。クライスラーはアメリカから、バウアーは中東から、私はたぶん南米から戻ってきたんだと思う。みんなとの再会がなんと嬉しかったことか！

ようやくプログラムにも、時間にも、興行師にも、切符売り場にも、観客にも、音楽評論家にも気を遣うことなく、もっぱら演奏する喜びのためだけに演奏することができた。私たちは音楽と水入らずだった！　二重奏曲、四重奏曲、室内楽曲、惹かれるものは何でも手当たり次第に演奏した。私たちは完璧に理解し合っていた。そして始終、楽器を取り換えた。だれかが第一ヴァイオリンを弾いたかと思えば、第二ヴァイオリンだったり、ヴィオラだったり、はたまた別の人だったり！ある時はエネスコがピアノに向かい、ある時はコルトーだった。大抵は夕食後に集まって、すぐに演奏し始めた。だれも時間を気にしなかった。そのまま時間が過ぎて、ときどき中断しては飲んだり、何か食べたりした。ティボーにいとまを告げる頃には、とっくに夜が明けていたこともしばしばだった。(13)

それから少し後の夏、イザイが一九〇二年以降、休暇を過ごしたムーズ川のほとりの別荘「ラ・シャントレル」に、同じかあるいはほぼ同じ仲間が集まった。(14) カザルスによれば、「興行師の頭をくらくらさせる」ような錚々たる顔ぶれがピアノ五重奏曲を即席で演奏した。「第一ヴァイオリンがフリッツ・クライスラー、第二ヴァイオリンがジャック・ティボー、ヴィオラがウジェーヌ・イザイ、チェロがパブロ・カザルス、ピアノがフェルッチョ・ブゾーニ、アルフレッド・コルトーはたまたラウル・プーニョ(15)」といった具合である。一九〇五年以降、この楽しい演奏会の三番目の舞台となったのは、カザルスがこの年に腰を落ち着けたヴィラ・モリトール（パリ十六区オートゥイユ）だった。新居の近所にはテニスコートがあり、コルトー、ティボー、カザルスは三人ともテニスに夢中になり、暇さえあればラケットを手に対戦した。コルトーによれば、「飽くことなくテニスの試合に興じた晴れやかで幸せな思い出の日々」を過ごすうちに、定期的に一緒に音楽を演奏する習慣がついた。

夜の帳が下りると、我々は楽器の力を借りて、室内楽の傑作であるソナタやトリオといった比類のない領域に捧げられた驚嘆を誘う演奏解釈を口実に〔集まり〕、打ち解けた雰囲気が、それらの楽曲に秘められた意味に特に適した親密性の利点をもたらすとともに、事前協議に基づくあらゆる調整を知らないとはいえ、即興演奏者たちのために直感的な解釈の一致が明らかになる喜びを残しておいてくれた。(16)

おそらくこの頃にコルトー＝ティボー＝カザルスの芸術的な関係が本格的に築かれたのだろう。いずれにしろ三人の関係は、クライスラー、イザイ、その他の仲間たちと夜の集まりで結ばれた絆を超えるものになった。そこにテニスが音楽的運命に与えた影響が見える……。

これまで見てきたように、メンバーそれぞれが語る当時の思い出は、トリオ結成のきっかけとなった友好的な集まりを描写することで一致している。精根を使い果たす過密な公演スケジュールや名手たちが時に覚える孤独感から離れて、時間や聴衆を気にすることなく、気の置けない仲間内の愉快な雰囲気の中で、純粋に喜びのためだけに演奏したいという欲求、それが若手演奏家三人の結びつきの根底にあった。共通の音楽愛に基づいたこの関係は、すぐさま芸術的な表現を見いだした。というのも、めいめいが弾き手であり聞き手であった彼らは、ニエル大通りやヴィラ・モリトールで即興演奏した「感嘆を誘う解釈」が、特別な性格を帯びていることにすぐに気づいたからだ。カザルスが「私たちは完璧に理解し合っていた[17]」と述べる一方、コルトーは先に見たように、凝った言い回しで「直感的な解釈の一致」について語った。これらの私的な演奏会を聴く機会に恵まれた人たちの感激と激励もさることながら、この音楽を演奏する喜びや直感的な調和の感覚をより多くの聴衆に伝えたいという欲求が、トリオに舞台で演奏を聞かせることを決意させたに違いない。

最初の演奏会の音頭を取ったのは、コルトーと発想力豊かなガブリエル・アストリュック[18]だった。後者は当時、パリでコルトーの代理人を務めていた（ジャック・ティボーの代理人も）。ソシエテ・ミュジカルが一九〇六年五月十八日、二十五日、六月八日、コルトーのために三回の「ロマン派演奏会」（アストリュックが命名）を開催した。一日目はショパン特集、二日目はシューマン特集、三日目はリスト特集だった。コルトーは旧サル・プレイエル[19]の熱烈な雰囲気の中で行う演奏会のため、独奏曲と友人たちと協演する楽曲を交互に並べることに決めた。これは当時としては画期的なことだった。例えば五月十八日は、彼のピアノ伴奏で、ジャーヌ・バトリ[20]がフランスで当時未発表だったショパンの歌曲を歌った（独奏曲は同じ作曲家の『前奏曲』）。同じように六月八日のリスト特集では、ソプラノ歌手のアダ・アディニ[21]の伴奏を務めた一方、『ピアノ協奏曲第一番』の演奏では、エネスコが第二ピアノとしてオーケストラ・パートを弾いた。

ロベルト・シューマンを特集した五月二十五日の演奏会では、『謝肉祭』『子供の情景』『交響的練習曲』の独奏に縁取られるように、『ピアノ三重奏曲第一番ニ短調』作品六三が演奏された。これはコルトー、ティボー、カザルスが公開演奏した最初の作品で、その後も好んで取り上げる楽曲の一つになった。プログラム構成におけるコルトーの英断と（おそらくヴィラ・モリトールの内輪の演奏会のどれかに居合わせた）アストリュックの冒険心によって実現したトリオだが、エネスコとのピアノ二重奏や二人のソプラノ歌手との協演と同様に、この特別公演を超えて存続することは当初想定されていなかったようだ。

とはいえ当時の新聞雑誌に掲載された記事が伝えるように、トリオの初舞台は大成功だった。レコー・ド・パリ紙（一九〇六年五月二十八日）では、冗談好きのウィリー（別名アンリ・ゴーティエ＝ヴィラール）が「案内嬢の手紙」で奇妙にもプログラムの独奏曲しか語らなかったが、例えばルイ・シュネデールはジル・ブラス紙（一九〇六年六月十八日）に「（トリオの）演奏はまさしく並ぶ者がいない」と書いていた。ジュルナル・デ・デバ紙（一九〇六年五月二十七日）によれば、会場は大変な熱狂ぶりで、「『ピアノ三重奏曲ニ短調』は三人の名手に紛れもない大成功をもたらした」と断言した。そのほかの評論家も三人の演奏家の名演に受けた強い感銘について強調した。ロベール・ブリュッセルはフィガロ紙で「真に忘れ得ぬ芸術的感動」（一九〇六年五月二十五日）に触れたほか、「絶対的に美しい『ピアノ三重奏曲ニ短調』の見事な演奏」にすっかり魅了されたギド・ミュジカル誌のコラムニストは、「この大成功だった公演以来、あの曲がいつでもどこでも（彼の）耳元で鳴っている」（一九〇六年六月十日）と語った。

この最初の演奏会は、一曲だけの演奏にもかかわらず、すでに聴衆に極めて伝播しやすい感動を呼び起こしたようだ。聴衆の存在は三人の友人が一緒に演奏することで感じていた喜びに水を差すことも、彼らの音楽的個性の混合から生じる錬金術的反応を妨げることもなかった。こうして五月二十五日に受けた歓迎が大きなきっかけとなり、コルトー、ティボー、カザルスはこの特別公演後もトリオで定期的に演奏するようになった。なるほど協演から得られる音楽的恩恵が彼らの背中を押したのかもしれないが、もっと実利的な話も興行師たちから持ちかけられたはずだ。現にカザルスはニエル大通りやヴィラ・モリトールで仲間内だけで演奏していた頃から、演奏会の主催者たちがビッグネーム三人の接近に秘められた商業的可能性にすでに着目していたことをほのめかしている。サル・プレイエルで大成功を収めた翌日、彼らの関心がさらに高まったことは間違いない。

実際、それから数週間後、三人の友人は今後は毎シーズン、彼らのスケジュールの一部をトリオに充てることに決めた。コルトーと妻クロチルド（旧姓ブレアル）は一九〇六年夏、パリ南東方ムラン近くのセーヌ川のほとりにたたずむ屋敷、シャトー・デ・ヴィヴ＝ゾー[22]を借りて、最も親しい友人のレオン・ブルム夫妻、マリー＝ロール・メイエールという名の若い未亡人[23]と休暇を過ごした。それから程なくカザルスとティボーもやって来て、ヴィヴ＝ゾーに逗留した。この田舎の別荘にいた子どもの一人が後年、トリオが醸していた雰囲気を回想録で生き生きと描いている。

彼らはたくさん練習した。たまに喧嘩することもあったが、大抵は楽しんでいた。ひどい悪ふざけもした。夫人たちから遠く離れていると、たちの悪いいたずらばかりしている悪童三人組のようだった。家の中では、クロ（クロチルド）やティボー夫人の真面目な顔を前に、すべてが正常に戻り、音楽や演奏の話しかしなかった。私としては、外で羽目を外して、自由と将来に約束された栄光を謳歌していた彼らの方が好きだった。[24]

休暇中も相変わらずテニスに明け暮れていたが、音楽の演奏にも多くの時間を費やした。というのもコルトー、ティボー、カザルスは、いたずら癖や悪童精神が抜けないとはいえ、何よりもまず「彼らを世界的に有名にすることになるピアノ三重奏演奏会の準備をする」[25]ために集まっていたからだ。コレット・メイエールの話は、コルトーの思い出と確かに符合する。おそらく五月二十五日の演奏会は忘れていたのだろう、彼はトリオの始まりを「ムラン近くの（彼の）田舎の別荘に夏の客として滞在した（彼の）二人の友人」が、彼と毎夜「考えられる限りのありとあらゆる三重奏曲を初見で演奏して」[26]過ごした頃だとしている。このくつろいだ、いささか自由気ままな雰囲気の中で、トリオはよく最初に友人たちに演奏を聞かせた。コレット・メイエールは「当代随一の名手が演奏するクラシックの名曲を聞くことは、至極当たり前のように思っていた」[27]と述懐している。

フランス人民戦線[28]の将来の指導者がトリオの生みの親だったとまことしやかに語られる伝説は、ヴィヴ＝ゾーでの滞在生活に由来する。この話は完全に正しいとはいえない。というのもトリオは、すでに数週間前に公開演奏を行っていたからである。しかし完全に間違っているともいえない。政界に乗り出したばかりのブルムは、熱烈な音楽の愛好家で、コレット・メイエールによれば、この夏の夕べで興が乗れば「耳に快い声」で歌うこともあったからだ。友人たちの稽古を目の当たりにしながら、三人が協演し、一緒に公演旅行を行う計画をおそらく応援したことだろう。コルトーは名指しすることなしに、ピアノ三重奏の公開演奏会を開催するように「この気晴らしに居合わせた何人かの友人が（彼らを）急き立てた」[29]ことをはっきりと認めている。

いずれにせよ、それぞれがどのような影響を及ぼしたにせよ（ブルムに加えて、特にガブリエル・アストリュックをはじめとする興行師たち）、トリオは一九〇六年夏、最初の演奏会で収めた成功を足掛かりに、永続的に活動する三重奏団となった。ヴィヴ＝ゾーでの集中的な稽古は、目前に控えた一九〇六〜〇七年シーズンはもとより、その後も何シーズンにもわたって、パリ、地方、外国で定期的に開催された演奏会を準備するのに役立った。こうしてコルトー、ティボー、カザルスのトリオとしての活動の第一期が幕を開けた。この第一期に三人の演奏家は、室内楽を演奏活動の中心に据えるとともに、彼らが手中に収めた音楽形式に新たな輝きを与えることになる。

（左から）　カザルス、ティボー、コルトー
1910年４月、ゲルシェル（Gerschel）撮影

第三章　三重奏の起源

その形態と様式の成立と変遷

三重奏はあらゆる編成の中で最も完璧であると見なされる。なぜなら用いられる手段からみて、最大限の効果を生む編成だからである。

――レオン・エスキュディエ『音楽辞典』（一八七二年）

コルトー、ティボー、カザルスが一九〇六年に集まる上で必要不可欠だった条件の一つとして、三人が一緒に探求できる広大なレパートリーの存在があった。あまたの作曲家が長年、ピアノ、ヴァイオリン、チェロの楽器編成が生み出す可能性に関心を寄せてきた。この編成の系図を作成することは結局、十六世紀から今日に至る西洋音楽の極めて重要な段階をざっと描くことになる。というのも現在知られている三つの楽器の組み合わせは、一朝一夕でできたわけではないからだ。

それはさまざまな事実、状況、音響的事象に根差していて、それらが重なり合い、多くの紆余曲折を経て、理想的な編成に行き着いた。トリオを組んだコルトー、ティボー、カザルスはこの理想形を体現し、当時の音楽愛好家から高い評価を得たのである。

これら三人のアーティストは、一緒に演奏することをほぼ恒常的に行った。この観点から見ると、彼らは「室内楽奏者」の系譜に属する。すなわち偶発的な再会の域を超えて、高い音楽的価値を保証する一種の「(品質保証)ラベル」として広く認められた不可分の団体になることを選んだのである。彼らはこの高い知名度に達するために、二十世紀の音楽に幾度か触手を伸ばしつつも、もっぱらロマン派音楽に力を入れ、古典派のレパートリーのささやかな一部を自家薬篭中のものにした。彼らの模範的なキャリアは後に続く多くの才能を呼び起こした一方、一九二〇年代に実現した録音は演奏家としての仕事の質の高さと、美的探究の中身を推し量らせてくれる。彼らはその点で室内楽の役割の新しい考え方を体現した。それは仕事の要求度の高さから文字通りの苦行を強いられる今日のカルテット奏者が実践しているものに近い。おそらく遠い昔の先人たちは、そのような苦行に明け暮れたことはなかっただろう。

というのも報酬を得て永続的に活動する媒体として見なされ、そのように組織されたアンサンブル団体という概念は、演奏会の歴史の中で、せいぜい一世紀前から存在するにすぎないからだ。たとえ何人かの音楽家、特に作曲家が自分の作品を初演するために演奏家と組むことがあったとしてもである。例えばフェリックス・メンデルスゾーンは一八四〇年二月一日、ライプツィヒのゲヴァントハウスで、ライプツィヒ・ゲヴァントハウス管弦楽団のコンサートマスターのフェルディナント・ダーヴィトと首席チェリストのカール・ヴィットマンの二人の友人と、自分が作曲した『ピアノ三重奏曲第一番』を初演した。

時代をさかのぼると、職業的地位を得る好機や経済的援助の必要性に駆られて作曲したものでなければ、こうした楽曲の大半は、ハイドンからベートーヴェンに至るまで、雇い主である王侯の熱意に束縛された作曲家の注文帳に記されていた。羨望の的となったルイジ・ボッケリーニの場合もそうである。自らチェロをたしなむプロイセン国王のフリードリヒ・ヴィルヘルム二世は一七八六年から、自分用の楽器パートを含む作品を特別に書くよう依頼した。同様にヨーゼフ・ハイドンは、一七六一年に交わした契約の文言によると、[1]「パウル・アントン・エステルハージ侯爵殿下家の使用人とみなされ、そのように扱われ（…）、殿下が依頼する音楽をすべて作曲しなければならなかった。最初に仕えた主人の後継者であるニコラウス侯爵の要望に応じて、一七六五年から一七七八年まで、同侯爵が愛好した楽器バリトン（ヴィオラ・ディ・ボルドーネとも）、ヴィオラとチェロの三声のディヴェルティメント（バリトン三重奏曲）約百曲を生み出した。一七五五年から一七六〇年までの期間、すでに膨大な数に達していた作品群の中に、十五曲ほどのチェンバロ、ヴァイオリンとチェロのための三重奏曲が現れる。これらの作品はチェンバロのパートが支配的で、チェロ・パートには古い数字付き低音の名残が見られた。詩人でリブレット作家のジュゼッペ・カルパーニは次のように語る。

ハイドンは一七五二年、六つの三重奏曲を引っ提げて楽壇に登場し、その様式の独創性と魅力で楽譜は瞬く間にあらゆる人の手に渡り、同業の芸術家の間に活発な議論を引き起こした。これらの三重奏曲が出現する前は、一般にドイツ人作曲家たちがフーガ風の対位法の厳格さをもって、この種の室内楽を書いていた。サンマルティーニが生み出した甘美な音楽でさえも、彼らに旧マドリガル楽派の手法を断念させることはできなかった。ハイドンの生気に満ちた魅力的な着想、魅惑的な美しさ、羽目を外したような野放図さは、和声の砂漠のすべてのパコミウスを一斉に蜂起させた。(2)

この熱狂的な宣言は、どのような状況で作品が演奏されたかについては残念ながら語っていない。ハイドンはおそらく貴族やウィーンのブルジョワ階級の饗宴で、取り巻きの音楽家たちに補佐されながらチェンバロのパートを受け持ったのであろう。その中には多分まだ駆け出しのヴァイオリニストだったカール・ディッタース・フォン・ディッタースドルフもいただろう。こうした三重奏曲の楽器の演奏技法は、ヴァイオリンとチェンバロの右手が「掛け合う」一方で、低音楽器が時として独創的な旋律的逸音を交えながら、チェンバロの左手をなぞるトリオ・ソナタの構造を想起させずにはおかない。

実際、ハイドンの最初の試作は、一七二〇年代前後に起こった変化に追随するものだった。それまでソロ・ソナタを演奏するには三人の楽器奏者が必要で、トリオ・ソナタには何と四人の楽器奏者が必要だった。例えばアルカンジェロ・コレッリの『ソナタ』作品五（一六八五年頃）は、ヴァイオリン、チェロ、テオルボ、チェンバロまたはオルガンによって演奏された。ヴィヴァルディ時代のイタリアで書かれたソロのための作品はすべてこの図式に従っていたが、十八世紀初頭に通奏低音パートからの解放が徐々に進み、まさに劇的な変化が生じた。チェロとチェンバロが数字付き低音の制約から逃れることで、思いがけない自律性を獲得したのである。ヨハン＝セバスティアン・バッハが『音楽の捧げ物』(3)の最後に作曲したトリオ・ソナタは、この新しい形式の最も美しい作品例である。全四楽章を通じて、フルートとヴァイオリンが上声部（大抵はカノン風）を共有する一方、鍵盤楽器（オルガンまたはチェンバロ）はポリフォニックな演奏に参加しつつも、和声的な低音の構築に専念する。この傑作にさらに呼応するバッハの作品が、対位法の技巧と協奏の芸術の名作、オルガンまたはペダル・チェンバロのための『六つのトリオ・ソナタ』(4)である。これらの作品では、後の三つの楽器による三重奏曲の特徴である、独立した三声部からなる書法が鍵盤に当てられた。

とはいえ、鍵盤楽器、ヴァイオリン、チェロの三重奏という形態に至る道のりで、真の革命を成し遂げたのは、一七四一年に『コンセール用クラヴサン曲集』(5)全十九曲を刊行したジャン＝フィリップ・ラモーである。彼は表現力豊かな骨組みに、演劇的な背景と響きの側面を加えることで原型を改良した。演奏者はフルートまたはヴァイオリンを選ぶことができる。ヴィオラ・ダ・ガンバまたはバロック・チェロも選択可能だ。クラヴサン奏者にとって、これはいわばクラヴサン曲集第四巻(6)であり、極めて高度な技巧を必要とする鍵盤パートは、バッハ作品で遵守されているポリフォニーの規則から完全に切り離されている。クラヴサンはメヌエット、ロンド、タンブランなどの伝統的な舞曲形式を取りながら、旋律、優美な曲調を優先する斬新な美学に則って演奏を先導する。

この根本的な発想の転換は、啓蒙の大変動の端緒を開く思想潮流に属していた。この開けっ広げな快楽主義がラモーの音楽をこれほどまでに生き生きと魅力的にしたのである。ラモーには特にジョゼフ・カサネア・ド・モンドンヴィル(7)をはじめとする先達がいたのも確かだ。モンドンヴィルのヴァイオリン伴奏付き『ソナタ形式のクラヴサン小品集』作品三(一七三四年)は、若きモーツァルトの作品が生まれるきっかけになったという意味でも、書法、形式の両面で極めて興味深い。モーツァルトは一七七八年のパリ滞在中、この小品集から着想を得て、ヴァイオリン伴奏のフォルテピアノのためのソナタを作曲した。

高音楽器の互換性は一八〇〇年代まで恒常的な特徴として残り、それ以降も散見された。(8)例えばベートーヴェンが『ピアノ三重奏曲第四番変ロ長調』作品一一で、ヴァイオリンの代替としてクラリネットを提示している。とはいえ、これはブラームスにより与えられた『クラリネットとピアノのための『ソナタ』作品一二〇をヴィオラで演奏する可能性と並ぶような例外中の例外である。衰退するバロック時代と古典派時代の間に、アドリビトゥム（随意に）が三重奏の様式に広く適用された時代があった。ヨハン・ショーベルトが一七六〇年頃、フランス人にならって、ヴァイオリンと「アドリブ」の低音楽器伴奏のクラヴサンのためのトリオ・ソナタを発表した一方、カール・フィリップ・エマヌエル・バッハは一七七五年、『クラヴィーア・ソナタ——一人でも不自由なく演奏でき、ヴァイオリンとチェロの伴奏でなお演奏しやすい』を刊行した。このただし書きは、商業的な見地から、ソロで演奏するのも複数人で演奏するのも自由であることを明確に意味し、音楽出版社の主導で普及が進んだ手法である。

ピアノ＝ヴァイオリン＝チェロの楽器編成は、ハイドンが一七八四年から一七九七年まで連続して作曲した三重奏曲三十八曲によって定着した。これらの作品はアントニー・ヴァン・ホーボーケンが編纂したハイドン作品の総合目録(9)の第XV系列に収録されている。クラヴサンに徐々に取って代わったフォルテピアノに一種の技術的な対抗意識を燃やしたウィーンの音楽家は、三人の奏者の対話に音の実在性を与えることで三重奏を発展させていった。そこでは室内楽の会場に常に依存する音響と並んで、音色が決定的な役割を演じた。ハイドンは一七九〇年、ニコラウス・エステルハージの侍医の妻で、「フルートまたはヴァイオリン伴奏付き新しいソナタ(10)」の伴奏をしたマリアンヌ・フォン・ゲンツィンガー夫人に宛てた献辞の中で、「極度に退屈な時間を紛らわすには、何より簡素なバガテルに勝るものはありますまい(11)」と記している。言葉に込められた皮肉とは裏腹に、ハイドンが気晴らしのための音楽とはいえ、優れたアマチュア音楽家によって演奏されることを念頭に、手堅い旋法を用いて作曲したことは誰の目にも明らかである。ハイドンは大抵の場合、第一楽章にソナタ形式を用いた。時として三重奏曲が「ソナタ」と称されたゆえんである。緩徐楽章にはもっぱらリート（三部）形式か変奏形式を用いた。最終楽章には概してロンドを選び、協奏的性格の兆しを与え、さもなければ快活なスケルツォのテンポを与えた。その代表例がコルトー＝ティボー＝カザルス・トリオの名演で広く知られるようになった『ピアノ三重奏曲第三九番ト長調』Hob.XV-25のハンガリー風ロンドである。

ハイドンの作品は好評を博し、ロンドン交響曲の中から何曲かが――商業的な理由から必然的に――ピアノ三重奏曲に編曲された。モーツァルトもこの形態の音楽に無関心のままではいなかった。彼の『ディヴェルティメント』K二五四（一七七六年）は、ショーベルトやカール・フィリップ・エマヌエル・バッハの影響がまだ見受けられるが、その十年後、ピアノに対して二つの弦楽器を積極的に参加させる『ピアノ三重奏曲ト長調』K四九六と『ピアノ三重奏曲変ロ長調』K五〇二の二つの重要な作品を作曲した。その後に続くピアノ三重奏曲（『ホ長調』K五四二、『ハ長調』K五四八、『ト長調』K五六四）は、チェロを協奏的なテクスチュアの中に完全に組み込み、その独立性を永続的なものにした。これらの楽曲でモーツァルトは、ハイドンの試作を「トリオの原器」へと最終的に転換し、ベートーヴェンへと続く道を開くとともに、数々の名作に至る系譜の端緒を開いた。これらの楽曲は室内楽を豊かにし、高名なコルトー＝ティボー＝カザルス・トリオのメンバーによって熱心に擁護された。

ベートーヴェンの登場とともに、すべてが変わったことは言うまでもない。彼の音響空間に対するアプローチは、ハイドンやモーツァルトが提案した解決策をはるかに超えるため、客観的な評価を下し難くなることすらある。この音楽史の転換期の傑作は今日、当時の楽曲を再現すべく一八〇〇年代製のウィーン式フォルテピアノ（オリジナルまたはコピー）と、金属弦ではなく羊腸弦を張った十八世紀の弦楽器で演奏されることもあれば、モダン楽器で演奏されることもあり、観客はどちらでも同じように鑑賞できる。このホールの音響効果に対する楽器の音量の問題は、今では芸術経済の観点から提起されるが、コルトー＝ティボー＝カザルス・トリオの興行師たちもこの問題に目をつけないわけがなかった。音が響く範囲が拡大すれば、観客動員数が増加するのは自明の理だからである。

比較例として、フランツ・リストは一八二九年、パリ二区のマイユ通り十三番地に十八世紀末に建設された、ピアノ製造会社エラールの美しいホールで、二百人の聴衆を前に演奏した。エクトル・ベルリオーズは翌年、パリ九区のコンセルヴァトワール通り二番地二号にある一八一一年建立の旧パリ音楽院ホールを拠点とし、八百人ないし九百人の信奉者と敵対者を前に『幻想交響曲』を初演した。会場の建築様式はもとより、聞こえ方も同じではなかったことは想像に難くない。同様にアクセス面（チケット販売窓口、座席配置）や設備面（椅子、暖房など）においても同じ条件ではなかったはずだ。前者の例では、リサイタルは社交行事という概念に基づいていた。後者では、ベルリオーズの攻勢は最も民主主義的で、より起伏に富んだ音楽観に訴えていた。

サル・エラール、サロン・プレイエル、そして後にサル・デ・ザグリキュルチュールが一八七〇年以降、国民音楽協会のフランス人作曲家の作品を初演する舞台となった。サン＝サーンス、ヴァンサン・ダンディ（『ピアノ三重奏曲第一番』作品二九、ヴァイオリンまたはクラリネット）、エルネスト・ショーソン、モーリス・ラヴェル、ガブリエル・フォーレらのピアノ三重奏曲が初演され、いずれも作曲書法における新しい精神状態の到来を告げるものだった。それはセザール・フランクが定義し、ヴァンサン・ダンディが理論化した有機的統一性の基準に応える、より密度の濃い書法だった。さらに響きの組み合わせが重要な位置を占めるようになった新しい楽器の序列の到来を告げるものでもあった。『ホルン三重奏曲』作品四〇と『ピアノ、クラリネットとチェロのための三重奏曲』作品一一四で新風を吹き込んだブラームスの影響だろうか？　それとも一八九二年の『弦楽四重奏曲』で音の喜びに対する快楽主義的な知覚を重視し、古典的書法の必要性に対する色彩の優位性を認めたドビュッシーの影響だろうか？　かくして音楽の世界は、フランシス・プーランクの奔放な『ピアノ、オーボエとバソンのための三重奏曲』のように、絵画的な好奇心に誘発されたり、あるいはベニー・グッドマンのクラリネット、ヨーゼフ・シゲティのヴァイオリン、エゴン・ペトリのピアノのために作曲されたベラ・バルトークの『コントラスト』のように、（戦時下の）巡り合わせをきっかけにしたりしながら、次第に未知の領域へと足を踏み入れていった。二十世紀の独創的な作曲家は、形式や技術の課題に対する斬新な解決策を打ち出したり、反対に既知の構図に立ち返ったりすることで、先達とは一線を画すよう努めた。例えばジェルジュ・リゲティは『ピアノ、ホルンとヴァイオリンのための三重奏曲』（一九八二年）で、ブラームスの精神に立ち返った。他方、ジャズはと言えば、トリオの分野に独創的なアイデアをもたらした。デューク・エリントンをはじめ、彼の後に続く極めて多くのミュージシャンが、キャバレーの狭いステージでも容易に配置できるピアノ、ベース、ドラムによる三人編成の演奏を取り入れた。コントラバス（ピチカートまたは弓で弾く）がそこで新しいステータスを得て、新しい名手が才能を発揮した。これらの楽器の組み合わせは、派生でも変質でもなく、二十世紀特有の音の嗜好、用途、知覚の進化から生じたものである。コルトー＝ティボー＝カザルス・トリオの名演から百年、二十一世紀にトリオはどのようになっていくのだろうか？

（左から）カザルス、コルトー、ティボー　1923年頃

第四章　トリオ組曲、あるいはコンセンサス協奏曲

ピアノ三重奏のための音楽を伝える偉大な使者の中でも、アルフレッド・コルトー、ジャック・ティボー、パブロ・カザルスは、聴衆が認めた一体感あふれる常設トリオを最初に結成した演奏家ではないにせよ、ピアノ三重奏団の草分け的存在と見なされることに変わりはない。ピアノ三重奏団として活躍を夢見る音楽家が常に自問自答するのは、芸術上の相互理解や各自の性格が日々の研鑽に果たして耐え得るのか、ありていに言えば、トリオの演奏活動で生計を立てることができるのかという問題である。常設のピアノ三重奏団が歴史上、結局のところ、数えるほどしかない理由もそこにある。その一例が有名なボザール・トリオである。メナヘム・プレスラーによって一九五五年に創設され、二〇〇九年八月にドイツのライプツィヒで開催されたメンデルスゾーン音楽祭で、五十年有余にわたる演奏活動に幕を下ろした。この異例の長寿トリオの立役

者は紛れもなくピアニストのプレスラーである。このトリオも病気や家庭生活、キャリア上のやむを得ない事情など、さまざまな理由で弦楽器奏者の交代を余儀なくされた。とはいえトリオの精神はメンバーの交代を乗り越えて、リーダーの個性のおかげで堅持された。

その旺盛な活動を物語る作品の中でも、特筆すべきはベートーヴェンの『ピアノ、ヴァイオリンとチェロのための三重協奏曲』作品五六の二回の録音である。最初の録音は一九七七年、イシドーア・コーエン（ヴァイオリン）、バーナード・グリーンハウス（チェロ）、ベルナルト・ハイティンク指揮のロンドン・フィルハーモニー管弦楽団と行われ、二回目の録音は一九九二年六月、イダ・カヴァフィアン（ヴァイオリン）、ピーター・ワイリー（チェロ）、クルト・マズア指揮のライプツィヒ・ゲヴァントハウス管弦楽団と行われた。二十世紀後半を通じてトリオの活動に参加した音楽家たちの芸術を通じた結束を永久にとどめるディスコグラフィーの双璧である。

驚嘆に値する集団的偉業として長年にわたって称賛されたこれらの成功例と対極を成すのが、一九六九年にベルリン・フィルハーモニー管弦楽団とベートーヴェンの『三重協奏曲』を録音するために、ヘルベルト・フォン・カラヤンによって選ばれたソ連出身の三人のアーティスト、スヴャトスラフ・リヒテル、ダヴィッド・オイストラフ、ムスティスラフ・ロストロポーヴィチによるトリオである。メディアに「鳴き物入り」で取り上げられ、音楽ファンの脳裏に焼き付いた三大巨頭の夢の競演は、後年のリヒテルの回想にもかかわらず、空前の商業的成功を収めた。

しかしこの企画が再び日の目を見ることはなかった。ダヴィッド・オイストラフが一九七四年に死去し、三人の主役が顔をそろえることは二度となかった。確かにロストロポーヴィチとリヒテルは共演回数も多く、ベートーヴェンのソナタをはじめとする伝説の名演奏も残している。ともにウクライナ出身のオイストラフとリヒテルの二人も、デュオとしてその才能をいかんなく発揮したが、こと三人の「ソ連人」に限って言えば、ギレリス゠コーガン゠ロストロポーヴィチ・トリオの定期的というよりは散発的な演奏活動を除くと、トリオで活動した事例は他にないように思われる。このことは比類ないアーティストが理想的なピアノ三重奏団を結成することが、いかに困難であるかをよく物語っている。日程調整に対する懸念、興行師の問題、エゴの問題？理由はさまざまだが、コルトー、ティボー、カザルスが全盛期に三重協奏曲を録音する機会もしくは意欲がなかったことは返す返すも残念でならない。

この奇跡の協奏曲のディスコグラフィーはLP時代、東西の音楽家による名演奏を収めた名盤で彩られた。まずはダヴィッド・オイストラフ、スヴャトスラフ・クヌシェヴィツキー、レフ・オボーリンが組んだピアノ三重奏団が一九五八年にロンドンで、マルコム・サージェント卿指揮のフィルハーモニア管弦楽団と録音している。(4) 彼らに続いて、アイザック・スターン、レナード・ローズ、ユージン・イストミンによるアメリカの著名なトリオが一九六四年、ユージン・オーマンディ指揮のフィラデルフィア管弦楽団と共演して、輝かしい名演をコロンビアのために残した。(5) ユーディ・メニューインと妹のヘプシバは同年十月六日、チェリストのモーリス・ジャンドロンと組んで、イシュトヴァン・ケルテス指揮のロンドン交響楽団と、有名なバース音楽祭に集まった音楽ファンに素晴らしい演奏を披露した。インスピレーション豊かな唯一無二の演奏で、会場となったブリストルのコルストン・ホールでライブ録音された音源は、三十年後にイギリスの公共放送BBCで放送された(6)。この偉大なヴァイオリニストが三重協奏曲の演奏に参加した数少ない（あるいは唯一の）演奏会であったように思える。

近いところでは一九九五年、室内楽界の三人の英雄、すなわちダニエル・バレンボイム（ベルリン・フィルハーモニー管弦楽団を弾き振り）と彼の友人であるイツァーク・パールマン、ヨーヨー・マが、この三重協奏曲の演奏をライブ録音した(7)。彼らの後にも、トリオ・ヴァンダラーのように(8)、ピアノ三重奏で管弦楽団との共演を重ねた数多くの若手精鋭アーティストが、音楽の祭典とも呼ぶべき三重協奏曲のために喜んで集まった。一部には難癖をつける気難しい解説者もいるとはいえ、これほどの共感を呼ぶ楽曲を生み出したベートーヴェンに感謝しなければなるまい。

この「ルートヴィヒ・ヴァン・ベートーヴェンによって作曲され、ロプコヴィッツ侯爵殿下に献呈された、二つのヴァイオリン、ヴィオラ、フルート、二本のオーボエ、二本のクラリネット、二本のホルン、二本のファゴット、二本のトランペット、ティンパニー、コントラバスの伴奏を伴う、ピアノ、ヴァイオリンとチェロのための偉大な協奏曲(9)」は一八〇四年春、ロプコヴィッツ侯爵のサロンで、作曲者本人によるピアノ(10)、作曲家でヴァイオリニストのアントニン・ヴラニツキー（一七六一〜一八二〇）、チェリストのアントン・クラフト（一七五二〜一八二〇）によって初演された。両者とも同侯爵が抱える楽団の楽員だった。公開初演は一八〇八年五月八日に行われた。

そこではイグナーツ・シュパンツィヒ（一七七六〜一八三〇）とヨーゼフ・リンケ（一七八三〜一八三六）が、ベートーヴェンの脇を固めていたと考えるのが妥当である。シュパンツィヒはウィーンのアウガルテン・コンサートの管弦楽団とケルントナートーア劇場の管弦楽団のコンサートマスター兼指揮者で、作曲者の忠実な支持者だった。他方、リンケは管弦楽団ソロチェリストで、ベートーヴェンの二つのチェロ・ソナタ作品一〇二の被献呈者である。両者はとりわけヴァイオリニストのカール・ホルツ（一七九八〜一八五八）とヨーゼフ・ベーム（一七九五〜一八七六）、ヴィオリストのフランツ・ヴァイス（一七七八〜一八三〇）とともに、ベートーヴェンの主だった弦楽四重奏曲の初演に出演していた。この第一級の弦楽四重奏団はアンドレイ・ラズモフスキー伯爵から支援を受け、その安定した活動を通じて、室内楽の近代的な演奏規範の確立に貢献した。しかしながら『三重協奏曲』作品五六の「公開初演」にシュパンツィヒとリンケが名を連ねたという説には疑問が残る。というのも別の情報源によると、[12] フランス人女流ピアニストで、ポール・ビゴー・ド・モローグの妻マリー・キエネ（一七八六〜一八二〇）がピアノ・パートを弾いたとされるからだ。共演者はアントニン・ヴラニツキーの娘のカロリーネ・ヴラニツキーの夫でヴァイオリニストのカール・アウグスト・ザイドラー（一七七八〜一八四〇）、モーツァルト、ハイドン、ベートーヴェンの友人でシュパンツィヒ四重奏団のメンバーだったチェリストのアントン・クラフトとのことである。

他方、シュパンツィヒとリンケが一八〇八年十二月にベートーヴェンの二つのピアノ三重奏曲作品七〇を初演し、次いで一八一四年四月に有名なピアノ三重奏曲『大公』作品九七を初演したことは確かな事実である。さらに時を経た一八二七年、彼らはシューベルトの二つのピアノ三重奏曲を、若手ピアニストのカール・マリア・フォン・ボックレト（一八〇一〜八一）と初演し、後年の演奏会ではシュパンツィヒに代わってヨーゼフ・ベームが演奏した。ベートーヴェンの死後、ボックレットがヴァイオリニストのヨーゼフ・マイゼーダー（一七八九〜一八六三）、チェリストのヨーゼフ・メルク（一七九五〜一八五二）の二人の名手と組み、演奏会でたびたび『三重協奏曲』を取り上げたことも知られている。

十九世紀のフランス、ドイツ、オーストリアには、こうしたさまざまな顔ぶれのアンサンブルが存在し、新作を初演したり、レパートリーを継続的に演奏会の演目として取り上げたりした。ピアノ、ヴァイオリン、チェロによるトリオは、まさにロマン派時代の花形的な編成となった。

演奏家としても現役だったフェリックス・メンデルスゾーンは一八四三年十一月十八日にライプツィヒで、『ピアノ三重奏曲第二番』作品六六を友人でヴァイオリニストのフェルディナント・ダーヴィト（一八一〇〜七三）、チェリストのカール・ヴィットマン（一八三九〜一九〇三）と初演した。盟友の作品に刺激されたシューマンは一八四七年から一八五一年までの間に三曲のピアノ三重奏曲を作曲し、ライプツィヒとドレスデンで、クララ・シューマン（一八一九〜九六）、ライプツィヒ・ゲヴァントハウス管弦楽団のコンサートマスター、フェルディナント・ダーヴィト、ドレスデン宮廷楽団のコンサートマスター、フランツ・シューベルト（一八〇八～七二）[13]、ヴィルヘルム・ヨーゼフ・フォン・ヴァジレフスキ（一八二二～九六）、チェリストのフリードリヒ・アウグスト・クンマー（一七九七～一八七九）、ユリウス・リーツ（一八一二～七七）、クリスチャン・ライマース（一八二七～八九）によって初演された。

フランス革命前にクラヴィエ（クラヴィーア）三重奏曲がすでに登場していたフランスでは[14]、この室内楽団の定義に応える驚くべき数の作品が出版社目録に収録されていた。これら外国から来た楽曲（主にモーツァルト、ハイドン、ベートーヴェンの作品の編曲）の大半は、「ピアノとヴァイオリンのためのソナタ、任意のチェロ伴奏付き」の形式を取っている。ピアノフォルテ三重奏向けをうたった楽譜も出版社の広告にぽつぽつ登場するようになる。例えばフレデリック＝ニコラ・デュヴェルノワ（一七六五～一八三八）作曲のピアノ、ホルンまたはヴァイオリンとチェロのための二重奏曲〔原題ママ〕や、アンリ＝ジョゼフ・タスカン（一七七九～一八五二）作曲のピアノ三重奏曲などである。とはいえ三つの楽器のための音楽が本格的に再興したのは一八二〇年以降である。この年にフランソワ・ボワルデュー（一七七五～一八三四）が『ピアノ、ヴァイオリンとチェロのための三重奏曲』作品五を発表すると、やがてフリードリヒ・カルクブレンナー（一七八五～一八四九）の六つのピアノ三重奏曲、「フランスのベートーヴェン」と呼ばれたジョルジュ・オンスロウ（一七八四～一八五三）の約十曲のピアノ三重奏曲が世に送り出され、次いでショパンが一八三三年に『ピアノ三重奏曲』作品八を、恐らくピエール・バイヨ（一七七一～一八四二）――彼のストラディヴァリウスはジャック・ティボーが取得し、演奏した――と、友人でチェリストのオーギュスト゠ジョゼフ・フランコム（一八〇八～八四）の三人で初演した。

当時新進のセザール・フランク（一八二二～九〇）は一八四〇年、弟ジョゼフと共演して『三つの協奏的ピアノ三重奏曲』作品一を発表し、極めて独創的な『ピアノ三重奏曲』作品三〇（一八四一年）の作曲者シャルル゠ヴァランタン・アルカン（一八一三～八八年）にわずかに先んじて注目を集めた。一八三〇年代末、フランツ・リスト、クレティアン・ユラン（一七九〇～一八四五）、アレクサンドル・バッタの三人の著名音楽家がパリでベートーヴェンのピアノ三重奏曲を全曲演奏してセンセーションを巻き起こした。一時的に結成されたこの三重奏団の後を継いで、ローラン（一八一七～?）、ジョゼフ（一八二〇～?）、アレクサンドル（一八一六～一九〇二）のバッタ三兄弟がこれらのピアノ三重奏曲の普及に努めた。

これに創作意欲を刺激されたのであろう、アンリ・ルベル（一八〇七～八〇）、ルイーズ・ファランク（一八〇四～七五）、テオドール・グヴィ（一八一九～一八九八）、カミーユ・サン゠サーンスらがこぞってピアノ三重奏曲を作曲した。中でもサン゠サーンスの傑作である『ピアノ三重奏曲第一番』作品一八は一八六四年にパリで作曲者本人と、すっかり忘れ去られたヴァイオリニストのジョゼフ・テレシンスキー（一八三三～七六）、チェリストのエミール・ノルブラン（一八二一～八〇）によって初演された。この作品を後に演奏したコルトー゠ティボー゠カザルス・トリオの先輩であるラウル・プーニョ（一八五二〜一九一四）、ウジェーヌ・イザイ、ジョゼフ・オルマン（一八五二〜一九二七）といった錚々たる名手が熱心に擁護した新しい作品が一八七〇年以降、パリの室内楽演奏会で上演された。

例えばシャルル＝マリー・ヴィドール（一八四四〜一九三七）の『ピアノ三重奏曲』作品一九（一八七五年）、エルネスト・ショーソン（一八五五〜九九）の『ピアノ三重奏曲』作品三（一八八一年）、ヴァンサン・ダンディ（一八五一〜一九三一）の『ピアノ三重奏曲』作品二九（一八八八年、クラリネットがヴァイオリンの代わりに入る）、アレクシス・ド・カスティヨン（一八三八〜七三）の『ピアノ三重奏曲』作品四（作曲者の死後、一八九三年に初演）、レオン・ボエルマン（一八六二〜九七）の『ピアノ三重奏曲』作品一九（一八九五年）などがある。一方、ドイツの作曲家ヨハネス・ブラームスは一八八二年にヴァイオリニストのフーゴ・ヘールマン（一八四四〜一九三五）、チェリストのヴァレンティン・ミュラー（一八三〇〜一九〇五）と組んで『ピアノ三重奏曲』作品八七を、一八八六年にヘルメスベルガー四重奏団のメンバーと組んで『ピアノ三重奏曲』作品一〇一を初演した。他方、アントニン・ドヴォルザークは一八九一年にプラハで『ピアノ三重奏曲「ドゥムキー」』を初演したのをはじめ、自身が作曲したピアノ三重奏曲を作曲家自ら演奏した。ロシアでは、チャイコフスキーがニコライ・ルビンシテイン（一八三五〜八一）の死を悼んで作曲した『ピアノ三重奏曲「偉大な芸術家の思い出に」』が発表されると、これに新進作曲家たちが大いに触発された。中でもラフマニノフ（一八七三〜一九四三）が一八九二年と翌九三年に二つの『悲しみの三重奏曲』を作曲したほか、ニコライ・リムスキー＝コルサコフ（一八四四～一九〇八）は一八九七年、その長大さでチャイコフスキーの作品に肩を並べる『ピアノ三重奏曲ハ短調』を作曲した。

ウィーンとベルリンが一九世紀末から二十世紀初頭にかけて迎えた音楽爛熟期に、いくつかのトリオが結成され、アメリカやヨーロッパで演奏活動を始めるようになった。ヨーゼフ・ホフマン（一八七六～一九五七）、フリッツ・クライスラー（一八七五～一九六二）、ジャン・ジェラルディ（一八七六～一九二九）が結成したトリオはアメリカで演奏を披露したが、短命に終わった。フェルッチョ・ブゾーニ（一八六六～一九二四）、ウジェーヌ・イザイ、フーゴ・ベッカー（一八六四～一九四一）のトリオ、アルトゥル・シュナーベル（一八八二～一九五一）、アルフレート・ヴィッテンベルク（一八八〇～一九四一）、アントン・ヘッキング（一八六六～一九三五）のトリオ、シュナーベル、カール・フレッシュ（一八七三～一九四四）、ジャン・ジェラルディのトリオは一九一四年までステージに上がった。例外がなかったわけではない。というのもブゾーニは、アドルフ・ブッシュ（一八九一～一九五二）とヘルマン・ブッシュ（一八九七～一九七五）の兄弟とも共演したからだ。この兄弟二人は一九二〇年からルドルフ・ゼルキン（一九〇三～九一）と組んだ。一方、アルトゥル・シュナーベルはアルトゥール・ルービンシュタイン（一八八七～一九八二）と入れ替わりにトリオを脱退、ヤッシャ・ハイフェッツ（一九〇一～八七）、エマヌエル・フォイアマン（一九〇二～四二）と演奏し、後者の後をグレゴール・ピアティゴルスキー（一九〇三〜七六）が継いだ。これらの名演奏家たちは第一次世界大戦の勃発やヒトラーの台頭に追われるようにイギリスやアメリカに亡命した。

彼らはいずれも国際的に著名な演奏家であり、そのうちの何人かは作曲家でもあった。したがって彼らが一堂に会すのは概して本人の作品や同時代の作品を披露するためで、そうでなければ代表的なレパートリー、中でもベートーヴェンのピアノ三重奏曲を演奏するためだった。こうしたアーティストたちの活躍に刺激を受けたアルフレッド・コルトー、ジャック・ティボー、パブロ・カザルスが、自分たちも室内楽の壮大な歴史に名を刻みたいという抗し難い欲求にかられたのも無理はない。

コルトー、ティボー、カザルスは、その相互理解と音楽的な一体性で範を示し、二十世紀の優れたトリオが後に続く道を切り開いた。例えばトリオ・ディ・トリエステは一九三三年から一九九五年まで活動し、現役時代に三千回を超える演奏会を行った。短命だったBBNトリオ――ジョゼフ・ベンヴェヌーティ（一八九八〜一九六七）、ルネ・ベネデッティ（一九〇一〜七五）、アンドレ・ナヴァラ（一九一一〜八八）――は一九四一年にすでにパリで演奏していた。一方、ヴィルヘルム・ケンプ（一八九五〜一九九一）、ヘンリク・シェリング（一九一八〜八八）、一九四二年からパブロ・カザルスに代わってコルトー、ティボーとトリオを組んだピエール・フルニエ（一九〇六〜八六）のトリオと、ヘプシバ・メニューイン、ユーディ・メニューイン、モーリス・ジャンドロンのトリオは一九六〇年代以降、演奏活動を行うようになった。

これらのピアノ三重奏団の音の記録は今日、ディスクや国営ラジオ局または民間放送局のアーカイブに大切に保管された演奏会録音のおかげで現存している。こうした演奏家たちの活動歴をつぶさに調べることで、ピアノ三重奏の歴史を横断的に眺めることができるとともに、十九世紀と二十世紀のヨーロッパにおける室内楽の驚くべき活力を大きなスケールで明らかにすることができる。とはいえ、この様式の成功に貢献した音楽家が他にも大勢いることは言をまたない。その大半は脚光を浴びることはなかった。しかしながら彼らは作曲家への尊敬の念とともに、たとえ労多くして功少なしに終わろうとも、芸術的な企てに参加できる満足感を胸に演奏した。当時の新聞が彼らの並外れた献身性を伝えている。

昔も今もアンサンブルの活動は、わけてもトリオの演奏活動は、相変わらずツアーとレコーディングでリズムが刻まれる。メンバーがしばしば後進の指導を要請されるのも、ノウハウや演奏法の伝承が若手演奏家を育成する上で鍵を握る要素だからだ。そうした意味において、彼らはアルフレッド・コルトーの理念を踏襲している。コルトーはその演奏解釈講座が証明するように、教育界でも大家として通っていた。世代間継承は室内楽分野において極めて重要な役割を果たす。夏のマスタークラスが著名なアカデミーで多数開催されることは、その最も端的な証左である。ハイドンやベートーヴェンの作品を初演した演奏家から今日の室内楽団に至る長い系譜の中で、偉大な先人たちの継承者であるとともに、数多くのライバルたちを生み出したコルトー＝ティボー＝カザルス・トリオは、言ってみれば「要石」の役割を果たした。名手として名高い三人による楽団でありながら恒常的なアンサンブルだったトリオは、時として模倣されても追随を許すことは恐らく一度もなかった。トリオが歴史上唯一無二の位置を占めることは、最初期から成功に彩られたその道のりが如実に物語っている。

作曲家ガブリエル・フォーレと公開稽古に臨んだトリオ
フォーレ（前）、カザルス（後左）、ティボー（同中）、コルトー（同右）エドモン・ジョワイエ（Edmond Joaillier）撮影

第五章　「友情の喜び、音楽の喜び！」

トリオ前期（一九〇六〜一四）

一九〇六年五月二十五日の演奏会と、それに続く夏の合宿稽古は、トリオの演奏活動前期の幕開けを告げるものだった。最初の四シーズンは特に充実していた。というのもコルトー、ティボー、カザルスは一九〇六年から一九一〇年まで、百七回の演奏会（一九〇六〜〇七年十八回、一九〇七〜〇八年三十五回、一九〇八〜〇九年三十回、一九〇九〜一〇年二十三回）を行ったからである。このおびただしい数の演奏会は、各自の演奏活動の中でも大きな位置を占めていた。コルトーとティボーの手帳を調べてみると、トリオでの出演回数が最多だった一九〇七〜〇八年は、両者ともに出演総数の半数近くをトリオの出演が占めていたことが分かる。三人とも当時、ソリストとして出演依頼を受けていたにもかかわらず、一年のうち何週間も室内楽に充てるだけの時間と意欲があったことになる。

極めて中身の濃い四シーズン（一九〇六〜一〇）

最初の四年間、演奏会の開催時期はほぼ同じだった。[1] 何よりもまず、パリの舞台に登場する時期がシーズンの始まりと終わりに集中していた。コルトー、ティボー、カザルスは毎年（一九〇八〜〇九年を除いて）、大抵の場合は秋に（一九〇六年十二月十八日、一九〇七年十一月五日、八日、十二日、一九一〇年三月八日の各演奏会）、パリのフィラルモニック協会の後援で、シーズン最初の演奏会を行った。この協会は一九〇一年、裕福な音楽愛好家（わけてもマルク・フレンケル博士、エマニュエル・レ男爵、作家のルイ・ド・モルジエ）によって、「フランスでコンセール・パドルーがかつて交響曲演奏会の分野にもたらした新機軸を、室内楽分野にもたらす[2]」ことを目的として設立された。要するに、三重奏、四重奏、声楽独唱の演奏会を毎シーズン約十二回開催し、それまでパリで顧みられることがなかった室内楽レパートリーの普及に努めるという趣旨だった。フィラルモニック協会は著名演奏家を招聘して観客動員を図った。

当初はサル・デ・ザグリキュルトゥールを会場としたが、一九〇五年以降は新築のサル・ガヴォーに舞台を移し、国内外の最も著名な音楽家を招いて演奏会を開催した。例えばピアニストのオイゲン・ダルベール、ヴァイオリニストのヨーゼフ・ヨアヒム、ロゼ四重奏団、声楽家のテレーゼ・ベーア、彼女の夫でピアノ伴奏を務めたアルトゥル・シュナーベルなどが挙げられる。

シュナーベルはヴァイオリニストのアルフレート・ヴィッテンベルク、チェリストのアントン・ヘッキングと三重奏も披露した（一九〇三年十一月十七日）。我らがトリオのメンバーも当初からプログラムに登場した。例えばコルトーは、トリオの仲間と協演する前、一九〇一年十一月二十二日の落成記念演奏会に出演した。後に綺羅星のごときコルトー＝ティボー＝カザルス・トリオが豪華企画の対象になったのは言うまでもない。フィラルモニック協会は一九〇六年十二月十八日、トリオの「本格的」な初公演（全プログラムがトリオで構成された最初の演奏会）を開催した。

そのほかのパリでの演奏会は、各自の演奏旅行の終了後、五月または六月に開催されるのが常だった。この再会は毎年恒例となり（一時途絶えるが一九二〇年代に再開）、シーズンの閉幕とバカンスの到来を共に迎える機会になった。演奏会場はもっぱらアテーヌ通り八番地（パリ九区）のサル・デ・ザグリキュルトゥールだった。このホールはフランス農業者協会が所有し、同協会の大会を開催することが本来の用途だった。しかしその大きさが室内楽の演奏に理想的だったので、一八九三年の開館当初から室内楽演奏会にも使われた。トリオは一九〇七年から一九一〇年まで毎春、二回ないし三回の演奏会をここで行った。最初の二年間はガブリエル・アストリュックのソシエテ・ミュジカルが主催し、翌年以降はダンドロ演奏会事務所[3]が主催した。この事務所は第一次世界大戦までトリオの代理人を務めることになる。

フィラルモニック協会とサル・デ・ザグリキュルトゥールで行われた二つの定期公演に加えて、ほかにもいくつかの演奏会がパリで開催された。ジェイムス・ド・ケルジェギュ国民議会議員

（保守共和派）のサロンで一九〇七年六月に開かれた私的演奏会のほか、コンセール＝コロンヌでの客演（一九〇八年二月十六日）、カザルスが一時熱を上げた作曲家エマヌエル・モールの作品を擁護するための二回の演奏会（一九〇八年二月二十八日、一九〇九年六月十五日）などである。

加えてトリオはこの同じ時期、毎春（四月と五月）全国約十カ所を巡回する地方公演を行った。開催地には必ずリヨン、マルセイユ、ボルドー（ティボーの出身地）、リール（コルトーは当時、地元の音楽活動とつながりがあった）[4]など、音楽が盛んな国内有数の大都市が含まれていた。それ以外の都市（例えばディジョン、ナンシー、ランス、グルノーブルなど）も軽んじられることはなかった。中でも毎年訪れていたフランス西部の都市に比重が置かれ、ルーアン、ル・アーヴル、ナント、アンジェ、ル・マン、トゥールで数多くの演奏会が開かれた。その理由としてコルトー、ティボー、カザルスが地方公演のために力を借りたもう一人の興行師ポール・ボケル（一八七七〜一九三二）の存在があった。ボケルはパリに進出する前、アンジェで活動を始めた。彼の活動の大半は地方を対象にしていた。当時の一流ソリストは、現在よりも頻繁に地方公演に出演していた。

トリオは最初のシーズンから国境を越えて活躍した。一九〇七年二月、ベルギーのブリュッセル（三回）とアントウェルペンで演奏会を開いた。ベルギーは第二の祖国と言っても過言ではない。コルトー、ティボー、カザルスは毎年一月から三月までの間、アントウェルペン、リエージュ、ヘント、そして特に首都ブリュッセルで（一九〇九年には五回）演奏会を開いた。ブリュッセルに彼らを招聘したのは友人のイザイだった(5)。

　そのほかの国も一九〇七～〇八年以降、春先に訪れるようになった。一九〇八年三月はミュルーズ（当時は独領ミュールハウゼン）、イタリア（ミラノ、ボローニャ）、スイス（ヌーシャテル、ローザンヌ、ジュネーヴ、ヴヴェイ）で演奏した。翌月、スペインのマドリードで三回の演奏会を開催した。一九〇九年四月、大規模な演奏旅行のためにスペインを再訪し、各地で九回の演奏会を行った。コルトーが言うところの「音楽文化がまだ産声を上げたばかり(6)」の国では、カザルスがすでに手にしていた名声の方がトリオの評判に勝っていた。

　ドイツについては、アルザスとフランクフルトのみで、一九〇九年以降毎年、高名なムゼウム協会(7)の招聘を受けて訪れた。当時の公演プログラムには、「パリザー・トリオ（パリのトリオ）」という名前で紹介されている。オランダでは三回しか演奏会が行われなかった。一九一〇年夏、優雅な海浜リゾート地スヘフェニンゲンのカジノで二回（ベル・エポック当時、海浜リゾート都市や水上都市は「繁忙期」を通じて充実した音楽文化の舞台になった）、残る一回は一九一一年四月二十一日にデン・ハーグで、ベートーヴェン連続演奏会の一環として行われた(8)。奇妙にもトリオは当時、イギリスには渡っていない。彼の地で大成功を収めるのは一九二〇年代に入ってからのことである。

　コルトー、ティボー、カザルスは結局、このトリオとしての活動期間前半を通じて、ヨーロッパ六カ国で演奏したにすぎない。しかし各々の活躍の場は当時、はるかに広範囲に及んでいた。

カザルスとティボーはアメリカで知られていたし、コルトーはヨーロッパ各地を楽旅し、ロシア公演も果たしていた。トリオの国際的な活動が比較的狭い範囲にとどまった背景には、三人の演奏家の名声が高まるにつれて各自のスケジュールが過密になり、トリオに十分な時間を割けなくなったという事情があるようだ。

トリオの演奏会、一九一〇年以降激減

トリオの活動が一九一〇～一一年シーズン以降に激減した真因は、まさにスケジュール調整の難航にあった。実際、第一次世界大戦までの四シーズンの間に行った演奏会数は、それ以前の四年間の百七回を大きく下回り、十三回（一九一〇～一一年に四回、一九一一～一二年に五回、一九一二～一三年と一九一三～一四年に各二回）にとどまった。コルトー、ティボー、カザルスはいずれも多忙なソロ活動に追われていた。それまで国内を中心に活動していたコルトーは一躍国際舞台に踊り出し、一シーズンに約三十回の演奏会を外国で行うようになっていた。ほかの二人はさらに目覚しく活躍していた。ティボーは一九一二～一三年、イギリスで十九回、ドイツで十一回、スイスとオーストリア＝ハンガリーで各六回、ベルギーで五回、ロシア領ポーランド、ルーマニア、オランダで各二回にわたり出演したほか、フランスでも多数出演したことは言うまでもない。ティボーは翌シーズンにトリオ結成後初のアメリカ公演を果たした。多忙ぶりはカザルスも変わ

らず、一九一一年十月、次のような手紙をコルトーに送っている。

親愛なるフレッド、

僕は今朝からパリにいる。僕らは今日の午後は留守にするが、できれば君が出発する前に会えるととても嬉しい。君が町で落ち合う時間と場所を指定しない限り、僕は明日一日中家にいるよ。ジャックはどこだい？

プログラムをありがとう。ベートーヴェンの変奏曲は変ホ長調の方かい、それともヘ長調の方かい？ 僕は二十二日の午後にはフランクフルトにいる（…）演奏会が終わったらローザンヌに向かうよ。Sたちと夜食を共にできるとは思えない。草々。パブロ。(9)

この数行が当時の三人の人間関係を明らかにしている。パリではニュースになるほど不仲説が一時根強く流れたが、(10)手紙の温かみのある文面は変わらぬ友情を示している。とはいえ、三人とも各地を飛び回る演奏活動に忙殺されていた。コルトーとカザルスはパリで一日だけ一緒に過ごしたが、ティボーは遠方（彼の手帳によるとイギリス）で公演中だった。トリオはごくまれにしか演奏会を行えなくなっていた。カザルスは十月二十三日にフランクフルトで予定された演奏会の前日にしか到着できず、友人たちと夜食を共にすることなく再び出発すると告げている。同様に、彼らは手紙でプログラムを決めていた。カザルスとコルトーは最終的に十二月十九日にパリで開いた演奏会で、ベートーヴェンの『ピアノとチェロのための変奏曲ヘ長調』（モーツァルトの「魔笛」の「娘か女か」の主題による十二の変奏曲ヘ長調作品六六）を演奏した。おそらくリハーサルなしのぶっつけ本番だったと思われる。

一九一〇～一一年以降、三人のアーティストが公演を一緒に準備して行うことは物理的にもはや不可能になった。三人で協演できなくなる反面、二人で協演する機会が増えたのは、良好な関係が保たれていたもう一つの証しである。ティボーとコルトーのデュオが最も活動的だった。それはおそらく二人が長年、ヴァイオリンとピアノのための楽曲に親しんでいたからだろう。彼らは一九一〇年から一九一四年にかけて一シーズンに一回ないし二回、パリ、ドイツ、ロンドンで演奏した。一九一三年春、地方公演も敢行し、チェリスト不在とはいえ、トリオの毎春恒例の演奏旅行を再開する形となった。コルトーとカザルスは一緒に少なくとも二回の演奏会を行った。一回はフランクフルト（一九一二年三月十五日）で、もう一回は一九一四年初めにパリのフィラルモニック協会で協演した。ティボーとカザルスはブラームスの『ヴァイオリンとチェロのための二重協奏曲』の演奏で再会したほか、一九一一年から一九一三年にかけてイギリスでピアニストのハロルド・バウアーとピアノ三重奏演奏会を幾度か行った。(11)

三人が顔を合わせる機会が直前になって整うことも何度かあった。再会する喜びと観客の関心を考え合わせれば、機転を利かせるだけの価値はあった。例えば、ティボーは一九一一年五月十九日の独奏会を、わずか数日前にトリオ公演に変更した。(12) 翌年（一九一二年五月十日）、コルトーはサル・ガヴォーに飛び入りで登場し、ティボーとカザルスが協演したブラームスの『二重協奏曲』の指揮者を務めた（ルイ・アッセルマンの代役）。他方、事前に予定されたトリオ公演（一九一一年十二月十九日、一九一三年一月二十八日、一九一三年三月十二日の演奏会）でも、一部のプログラムを二重奏ソナタ（ピアノとヴァイオリンまたはピアノとチェロ）で補うことがあった。たぶん三人で十分に合わせる時間がなかったのだろう。

コルトー、ティボー、カザルスは大概なじみの場所で演奏した。一九一〇年から一九一三年までの四年間に開かれた十三回の演奏会のうち、八回がフィラルモニック協会（五回）とフランクフルト・ムゼウム協会（三回）で行われた。一方、シーズン末にパリで行った恒例の演奏会の運営は、フィラルモニック協会のライバル団体だったパリのセルクル・ミュジカルに依頼した。若手のヴァイオリニストで作曲家のシャルル・ドメルグが一九〇六年に設立したセルクル・ミュジカルも、パリで室内楽の売り込みを図っていた。この団体は報酬面で大いに努力することでトリオの関心を引きつけるに至った。トリオが一九一一年にフィラルモニック協会で行った演奏会の出演料は三〇〇〇フランだったが、セルクル・ミュジカルが主催した二回公演（一九一二年五月二十四日と三十一日）は一回につき四〇〇〇フランだった。翌年、フィラルモニック協会が一回につき出演料四〇五〇フランを提示して再び争奪戦を制した。

第一次世界大戦直前のトリオの演奏会の本質的な特徴は、彼らの報酬に最も端的に現れている。(13)一九一〇年から一九一三年まで、各公演の出演料は一人当たり平均一〇八五フランだった（トリオの出演料は常に三等分された)。これに対してコルトーは当時、単独で出演した場合、演奏会一回につき約六五三フランを手にしていた。それ以前の一九〇九〜一〇年シーズンに行われた二十一回の演奏会でトリオに支払われた出演料は、一回につき一人当たり平均四二八フランだった。トリオの出演料は公演回数が減少するにつれて高騰したことになる。これほど高額の出演料を支払えるのは、パリの協会やフランクフルト・ムゼウム協会のような権威ある団体に限られた。フランクフルトでトリオの演奏会場が一九一一年以降、小ホールから大ホールに移ったことも、そのことを雄弁に物語っている。賢明な実業家であるコルトー、ティボー、カザルスは、一緒に演奏する日取りを見つける努力をしながら、再会の喜びと金銭的利益の両立を図っていた。

レパートリー概観

より芸術的な面では、トリオのレパートリーは最初の数シーズンでほぼ固まり、その後の活動期間を通じて大きく変化することはなかった。中でも二人の作曲家が大きな位置を占めた。一人はロベルト・シューマンで、ピアノ三重奏曲全曲はトリオ十八番の一つだった。このプログラムで演奏会をパリで四回(一九〇八年五月十六日、一九〇九年五月十四日、一九一〇年三月八日、一九一二年五月三十一日)、ブリュッセルで一回(一九一〇年三月七日)行っている。全曲演奏会以外でも、一九〇六年五月にトリオが初舞台で披露した『ピアノ三重奏曲第一番(ニ短調)』は、最初のシーズン（一九〇六〜〇七年）の大半の演奏会で演奏されたが、以降は頻度が減った。代わって『ピアノ三重奏曲第三番』（ト短調）が一九一〇年から一九一三年にかけて約十五回演奏された。他方、『ピアノ三重奏曲第二番』（ヘ長調）が単独で演奏されたのは一回だけだった（一九一〇年五月三十一日）。

もう一人の要となる作曲家はベートーヴェンだった。ピアノ三重奏曲と変奏曲の全曲演奏会を三回に分けてパリで初めて開催し（一九〇七年十一月五日、八日、十二日）、二度目はブリュセルで開催した（一九〇九年一月十二日、十三日、十四日）。個別に演奏された楽曲は、特に円熟期の名作三曲、すなわち作品七〇の一と二（第五番ニ長調『幽霊』、第六番変ホ長調）と、有名なピアノ三重奏曲第七番変ロ長調『大公』である。いずれもほぼ毎シーズン演奏され、その回数は一九〇六年から一九一三年までの期間に合計十余回に上った。

ピアノ三重奏曲作品一の三曲（第一番変ホ長調、第二番ト長調、第三番ハ短調）の登場は極端に少ない一方（第二番と第三番は各一回、第一番は一度も演奏されなかった）、『カカドゥ変奏曲』作品一二一aに対する評価は、作品四四（『創作主題による十四の変奏曲』）よりもはるかに上回っていた。このほかにもベートーヴェンの珍しい曲『二十五のスコットランドの歌』作品一〇八を演奏したほか（一九一〇年五月二十七日、ソプラノ歌手ポヴラ・フリッシュ[14]が客演）、わけても古典派のレパートリーで唯一の三重協奏曲『ピアノ、ヴァイオリン、チェロ、管弦楽のための協奏曲』作品五六を取り上げた。この楽曲は一九〇八年に幾度となく演奏され（パリ、ベルギーとスイスでの巡回公演)、翌年にもブリュッセルで演奏された。

コルトー、ティボー、カザルスは、シューマンとベートーヴェンのすべての三重奏曲を探求する一方、ほかの作曲家の楽曲もいくつか取り上げ、繰り返しプログラムに入れるうちに紛れもない「看板」レパートリーとなった。それらの作品が第一次世界大戦後、録音されることになる。そうした中にシューベルトの『ピアノ三重奏曲第一番』がある。この作品はトリオの二回目の演奏会(一九〇六年十二月十八日)ですでに登場し、翌年以降もパリで三回演奏されたほか(一九〇七年六月十日、一九一〇年五月二十四日、一九一一年十二月十九日)、地方や外国でも演奏された。トリオがこの作品に愛着を感じたのは、ティボーに亡き兄イポリートを思い起こさせるという感傷的な価値を帯びていたからかもしれない(15)。とはいえ、それはトリオが同じ作曲家の『ピアノ三重奏曲第二番』を一回しか演奏せず(一九一〇年五月三十一日)、その後一度も再演することがなかった理由にはならない。確かに当時は今日ほど有名な曲ではなかった上、その「崇高な冗長さ」がパリの聴衆に敬遠されたのかもしれない。しかしトリオによる一回限りの演奏が、この名曲を永遠に葬り去るほど物足りないものだったのだろうか?

コルトー、ティボー、カザルスはメンデルスゾーンのピアノ三重奏曲についても同様、明らかに『第一番ニ短調』の方を好み、約十五回演奏(特に一九〇七〜〇八年)した一方で、『第二番ハ短調』は一回だけにとどまった。確かにこの楽曲はそれほど有名ではない。

最後のお気に入りの曲は、ハイドンのピアノ三重奏曲の傑作『第三九番ト長調』Hob.XV-25

で、第三楽章『ハンガリー風ロンド』によって人気曲になった。カザルスが本領を発揮できるようなチェロ・パートではないが、有名な最終楽章のジプシー調のリズムが素晴らしい効果を生むこと請け合いだった。トリオが最も多く演奏したゆえんである（三十余回）。『ハンガリー風ロンド』はアンコールでもよく演奏された。

トリオがブラームスの作品を終始一貫して擁護したことも見て取れる。しかし当時のフランスの聴衆に向けて演奏するのは、ある種の自己犠牲を払う必要があった（フランスでは一九五〇～六〇年代まで、ブラームスの作品はめったに演奏されず、ほとんど評価されなかった）。三つのピアノ三重奏曲が頻繁に登場したが、中でも『第三番ハ短調』が好んで取り上げられた。加えてオーケストラと共演する演奏会では、この作曲家の『ヴァイオリンとチェロのための二重協奏曲』作品一〇二と、ベートーヴェンの『三重協奏曲』がよく組み合わされた。

コルトー、ティボー、カザルスは、ブラームスや先述した作曲家の作品を取り上げることで、古典派・ロマン派のゲルマン系のゲルマン系レパートリーの擁護者になった。各自がソリストとして出演する演奏会でも、ゲルマン派の楽曲がプログラムの大半を占めた（ティボーの演奏会では、その度合いが一段低かった）。フランスでは当時、めったに聞く機会がない作品もあった。フランス音楽については、ドイツをはじめとする異郷で与えられた「パリザー・トリオ」の名に恥じまいとするためか、フランス人作曲家の作品を申し訳程度にプログラムに入れていた。例えばフランク（コルトーが高く評価した作曲家）の『協奏的ピアノ三重奏曲』作品一－一は一九〇六～〇七年にしばしば演奏されたが、それ以降この若書きの作品が演奏されることは滅多になくなった。サン＝サーンスのピアノ三重奏曲は第一番が四回、第二番が一回演奏された。後者は一九〇八年五月十三日のプログラムで当初告知されたラロの『ピアノ三重奏曲』と直前に差し替えられた。三人はこの曲を練習する時間も意欲もなかったのかもしれない。結局、フランス音楽が占める位置はごく限られた。恐らくは本当に演奏し甲斐のある作品が見つからなかったからだろう。一九一八年以降、フォーレに続いてラヴェルがピアノ三重奏曲を作曲し、この空白の一部を埋めることになる。

以上に加えて、トリオがごく例外的に取り上げた作品がある（全活動期を通して一回ないし二回）。一九〇八年五月にパリで、次いで一九〇九年四月にマドリードで行われた演奏会では、畑違いの古い時代の音楽に足を踏み入れ、コレッリとラモーの編曲作品を演奏した。モーツァルトのピアノ三重奏曲は、『第五番ホ長調』K五四二（二回演奏）と『第七番ト長調』K五六四（一回）の二作品が登場するのみである。

コルトーはティボーやカザルスほど、この作曲家を好んではいなかった。おまけにピアノ三重奏曲はモーツァルトの真価が最も発揮された形態ではない上、これらの曲はチェリストにとってもあまり面白みがなかった。そのほかに三回演奏されたドヴォルザークの『ピアノ三重奏曲第四番ホ短調「ドゥムキー」』に加えて、コルトー＝ティボー＝カザルス・トリオの研究家の間でこれまで見逃されてきた作品がある。それは第一次世界大戦前の最後の演奏会で演奏されたチャイコフスキーの『ピアノ三重奏曲イ短調「偉大な芸術家の思い出に」』である。フランクフルトで開催されたこの演奏会の日付を見れば、彼らがこの難曲（特にピアニストにとって）をプログラムに入れる最初で最後の選択をした理由が理解できる。というのも一九一三年十一月七日は、チャイコフスキー（一八九三年十一月六日没）の没後二〇周年とほぼ一致していたからである。

トリオは先述の作曲家に知名度で遠く及ばない一人の作曲家をレパートリーに加えた。それはエマヌエル・モール（一八六三〜一九三二）で、レパートリーの中では唯一の同時代の作曲家（サン＝サーンスを除く）だった。カザルスは回想録で、このハンガリー出身の音楽家と一九〇七年頃に出会ったと語っている。その豊富な作品群は、彼に「ハイドンかボッケリーニ並みの創造的爆発[16]」を思わせた。これは本物の天才だとすっかり心酔したカザルスは、ひどく無愛想な性格で損をしているこの作曲家の作品を、自分自身がそうしているように、二人の友人にも演奏するよう強く求めた。そこでティボーは彼の『ヴァイオリン協奏曲』を幾度となく演奏した。これもカザルスの要請で、モールは一九〇七年に『三重協奏曲』作品七〇を作曲した。ティボーとコルトーは疑心暗鬼になりながらも、夏の稽古で作曲家の同席のもと、この作品を練習することに同意した。この稽古期間中、モールの性格がいくつかのトラブルを引き起こした。カザルスの回想録でも、彼の演奏仲間と作曲家の間の明らかな緊張関係が語られている。

コルトーは結局、演奏不可能と判断したピアノ・パートを彼自身で手直しすることを条件に『三重協奏曲』の演奏を受け入れた。この作品は最終的に一九〇七年十一月二十八日、スイスのモントルー（エルネスト・アンセルメ指揮）で初演され、翌年二月二十八日にパリで、アッセルマンの指揮で上演された。カザルスによれば、これらの演奏会は成功したが、実際には当時の批評界は無関心だったばかりか、否定的でさえあった。カザルスはコルトーとティボーが当初の評価を一変させ、心からの感嘆の念を伝えたと語っているが、単なる儀礼的表現を真に受けたという見方もできる。いずれにせよ、トリオはこの作品を四回演奏した後、再演することはなかった。

しかし、この程度でくじけるようなカザルスとモールではなかった。『ピアノ三重奏曲』作品八一が翌年に作曲され、一九〇九年六月十五日にサル・プレイエルで初演された。この公演はモールの作品を是が非でも聴衆と批評家に認めさせる意趣返しの様相を呈したが、どちらの反応も芳しくなかった。(17) これは勝ち戦にならなかった。コルトー、ティボー、カザルスは、この『ピアノ三重奏曲』を二度と演奏することはなかった。こうして「モール事件」により引き起こされた束の間の熱情は、やがて冷めていった。カザルスは、仲間はもとより、同時代人の反応が総じて芳しくない作品を無理に認めさせようとするのは賢明ではないと矛を収めたようである。ただそれを正直に認めることは自尊心が許さなかった。このようにトリオによる二回の初演は成功とは言えず、彼らのために書かれた楽曲も今や忘れ去られている。

トリオの活動、稽古と楽旅

結局、コルトー、ティボー、カザルスが一九〇六年から一九一〇年までの期間に築き上げた比較的まとまった規模（わずか四シーズンの間に築かれたことを考慮すれば）のレパートリーは、その後もほとんど変わることはなかった。一度だけ演奏されたチャイコフスキーの『ピアノ三重奏曲』が一九一〇年から一九一四年までの期間で唯一の新演目で、第一次世界大戦以降もレパートリーは極めて限定的な更新にとどまった。

結果として、最初期はトリオが最も精力的に活動した時期でもあった。プログラムを練り上げるために必要な稽古は、各自の演奏旅行が一段落して、長い時間を一緒に過ごせる唯一の時期である夏に行われた。最初の夏合宿が一九〇六年、ヴィヴ＝ゾーの大邸宅で行われ、その後の数年間も同じような条件下で催された。

コルトー夫妻、ブルム夫妻、マリー＝ロール・メイエールは一九〇七年、フォンテーヌブロー近くのアヴォンにある大邸宅「ヴァル・シャンジス」を避暑用の別荘に定め、手始めとして庭園の離れにプレイエルの大きなピアノを据え付けさせた。コンスタンス・コリーヌによれば、「ティボーとカザルスがその年の冬の公演の準備をするため、最も長く滞在したのがヴァル・シャンジス」(18)だった。わけてもモールの『三重協奏曲』をめぐって、時に荒れ模様だった練習の舞台もここである。翌年の夏、コルトーは友人たちとシャルトル近くに滞在したが、三人全員が集まる回数は減り、その後の一九一一年になると、カザルスは仲間が逗留したサン＝ジャン＝ド＝リューズに「何度か顔を出す」程度でしかなくなった。(19)とはいえ練習はパリでも行われ、特にオートゥイユ（パリ十六区）のカザルス邸がその舞台になった。

トリオが演奏に磨きをかけた稽古風景を、いくつかの証言を通して垣間見ることができる。例えばコルトーは一九六〇年、次のように描写している。

私たちは「このニュアンスをつけた方がいい」とか、「このテンポをもう少し遅くすべきだ」とか言うような練習をしたことは一度もなかった。私たちは均質なまとまりをつくるよう心がけるとともに、各自の個性や持ち味、音楽的主張を保ちつつ、常に各自が感じるものに直感的に従った。(…)私たちは楽譜を読み、自分たちのために、まさに自分たち自身のために再び演奏した。私たちを導いていたもの、私たちの演奏に統一感を持たせていたもの、それは共通の音楽愛だった。[20]

おそらく歳月が経ち、思い出が美化されているのかもしれない。中でも「軋轢や口論」は一度もなかったと断言しているが、それどころかモールが同席した稽古は一触即発の状態だった。しかしこの「事件」は、彼らのうちの一人(この場合はカザルス)が他の仲間に自分の選択を無理強いしようとした唯一の例という限りにおいて例外だったのだろう。

この点を除けば、コルトーが描いた情景はトリオの練習について他の資料で知り得ることと一致している。稽古は夏季休暇中に、家庭的なくつろいだ雰囲気の中で行われた。一九〇七年、ティボーは妻と二人連れ立ってやってきて、コルトーの身内連中と再会し、カザルスは伴侶で気性の激しいギレルミナ・スッジア[21]と一緒だった。ティボーが盛り上げ役となって、ビリヤードの勝負やテニスの試合、娯楽が繰り広げられ、その合間合間に稽古が行われた。カザルス邸で練習するときも同様で、悪友三人組はお気に入りのスポーツにいそしむためなら、稽古の中断も決していとわなかった。パリ音楽院でコルトーの生徒だったピアニストのマグダ・タリアフェロは、一九〇八年頃に「非音楽的な四重奏団を結成するために娘のように迎えられたが、公開演奏はシャルドン＝ラガッシュ通りのテニスコートに限られていた[22]」と述懐している。

レパートリーの中核を成す約十五曲の習熟は、粒々辛苦の賜物にほかならなかった。トリオ全員が勤勉で思慮深い演奏家であり、練習を極めて重視していた（特にコルトーとカザルス）。一九一〇年以降、演奏会の回数が減ったのは、おそらく本番に欠かせない準備稽古ができなくなったせいではないか。準備稽古の熱のこもった雰囲気が練習そのものにも影響を与えていた。そこでは議論は少なく、演奏する喜びが大勢を占めていた。コルトーが語る「直感的な理解」や「共通の音楽愛」に呼応するように、カザルスも「われわれは音楽面では完璧に理解し合っていたし、職業的な面だけでなく、音楽愛の面でも傑出したチームだった[23]」と語っていた。結局のところ、トリオ誕生前の非公式練習と結成後に繰り広げられた稽古の間に本質的な違いはないように思える。

トリオは演奏会のスケジュールを気心の知れた代理人と調整していた。例えばティボーは一九〇七年、パリで初期の演奏会を企画開催したアストリュックに「カザルスが僕らのところに来るから、公演の話ができるし、コルトーのビリヤード台もえらい目に遭うぞ！[24]」と手紙を出し、ヴァル・シャンジスに来て一日を過ごすよう誘っている。地方公演ではボケルが友人のように扱われた。とはいえ、ここでもまた、和やかな雰囲気と商魂のたくましさが対立することはなかった。というのも先述したように、トリオは名声を収入源として活用し、高額の出演料を得る術を十分に心得ていたからである。

この同じ精神状態がトリオの演奏旅行中も支配的だった。カザルスは一九五五年、「ヨーロッパ中をどれほど旅したことか！　何という喜び、何という友情と音楽の喜び！」[25]と当時を振り返りながら、感嘆の声を上げた。トリオが演奏旅行で各地を巡回する中で、友情と音楽は互いに結びついた。教養を高めることに余念がないコルトーは仲間二人を美術館に連れていった一方（とりわけスペインで）、列車で旅行するときやホテルで夜を過ごすときは、トランプゲームがいつ果てるとも知れず続いた。ティボーは終始一貫しておどけ役を演じ、隙あらば旅の相棒にいたずらをした。トリオの地方公演に同行した興行師のポール・ボケルは格好の的だった。

カザルスはトリオのやんちゃ者が、ボケルのこだわりの身だしなみをどのように台無しにしたかを詳しく語っている。知らない間に手袋の先をちょん切ったこともあれば、ヘアブラシにバターを塗っておいたこともあった。その一方でカザルスは回想録で、自分が標的になったことには触れていない。コルトーはそのことをよく覚えていた。ある夜、ティボーは楽屋で肘掛け椅子のキャスターを一つ見つけたので、カザルスのポケットにそっと忍ばせた。カザルスは演奏会の間中、弾きづらそうにしていた。これは別のときだが、カザルスは熱っぽかったのでホテルの部屋で休んでいると、ティボーが古着屋や古道具屋で「おぞましい代物を十個ばかり」[26]見繕っては三十分ごとに部屋まで届けさせたなど、いたずらにまつわる話は枚挙にいとまがない。

しかしながら、この悪童気質が超過密日程の演奏旅行を滞らせるようなことはなかった。例えば一九〇八年三月から四月まで、トリオはベルギー、アルザス、イタリア、スイス、スペイン、さらにフランス国内の約十の地方都市を巡回し、ほぼ二日に一回のペースで合計二十五回の演奏会を行った。興行師ボケルが随行したことは、トリオが地方公演の成功を重視したことの表れであり、彼がいることでありとあらゆる金銭的な問題から解放された。中でもボケルは出演料がきちんと支払われるように目を光らせていたと考えられる。彼の抜かりない支えのおかげで、トリオは全国で演奏を聞かせ、さらに評判を上げることができた。トリオのメンバーにとって室内楽は、各人の名声をますます高める手段でもあった。彼らはこの並外れた音楽的冒険に乗り出したことで、より一層有名になり、より広く認められた。

一九一〇年以降に活動ペースの顕著な低下が見られるものの、トリオ前期は第一次世界大戦で活動中断を余儀なくされるまで続いた。この演奏活動の初期、わけても最初の四年間は、最も幸福で最も実り豊かな時期だった。三人の著名な若手音楽家は演奏会、稽古、楽旅を重ねるにつれて、カザルスが語るところの「友情と音楽の喜び」を感じながら芸術の絆を強めていった。その後もこの絆は、幾多の試練を乗り越えて存続することになる。

この時代に彼らのアンサンブルの伝説的な名声も確立された。それは間違いなく、コルトー、ティボー、カザルスがあうんの呼吸で結ばれた三人の仲間意識を演奏にうまく生かした結果だろう。さらにゲルマン系ロマン派音楽の作品を中心に、極めて早い時期に形成されたレパートリーも演奏して聞かせた。これらの楽曲を彼らの演奏で初めて耳にしたフランスの音楽愛好家も大勢いた。おそらくトリオの登場は時宜にかなっていたのだろう。その並外れた成功は何よりもまず、メンバーの個人的および集団的な才能によるものだったが、ちょうど室内楽が衆目を集め始めたという時代の追い風もあった。

例えばトリオがデビューするわずか前に、パリでは室内楽に適したコンサートホールが建設されたほか（サル・デ・ザグリキュルトゥールが一八九三年に落成、サル・ガヴォーが一九〇五年に落成）、室内楽を専門に手掛ける音楽協会が出現した（フィラルモニック協会が一九〇一年に設立、セルクル・ミュジカルが一九〇六年に設立）。加えて聴衆と批評家は、エゴを封印して芸術家の友愛を舞台前面に出した三人のスターをたちまち好意をもって迎えた。興行師としては、聴衆の共感を呼ぶ、端的に言えば富を呼ぶこの三重奏団の活動を鼓舞しない手はなかった。意識的にせよそうでないにせよ、コルトー、ティボー、カザルスは目の前に現れたチャンスをうまくつかんだ。それは彼らにとって有益なことだった。室内楽は各自の名声をさらに高めたのみならず、音楽活動の中心に友情を据えながら、彼らの音楽人生にもう一つの次元、まさに魂の次元を加えたからである。

トリオ演奏会の素描
H. B. ヴィエネール（H. B. Wiener）画、制作年不明

第六章　「生きがいともいうべきもの」　トリオ後期（一九二一〜三四）

「あたかも全人類が一気に理性を失ったかのようだった（…）、まるで文明が後退し始めたかのように思えた」[1]。その極度に強い感受性をもって、カザルスは同世代の人にとって驚天動地の出来事だった一九一四年の夏をこうした言葉で表現した。実際にトリオも動乱の影響を免れることはなかった。演奏活動は一九一〇年以降、すでに減速していたが、一九二一年まで完全休止に追い込まれた。三人の仲間はそれぞれまったく違うやり方で、大戦の試練に立ち向かった。

第一次世界大戦の試練

カザルスは一九一四年の歴史的かつ集団的な断絶が起こる前に、私的な断絶がもとでパリを離れ、ヨーロッパでの演奏活動や多くの古い人間関係からすでに遠ざかっていた。一九一二年夏、ギレルミナ・スッジアとの関係がつらい終わりを迎えたことで、イギリスとアメリカへ活動の軸足を移す姿勢がますます顕著になった。一九一四年四月、公演先のニューヨークでアメリカ人声楽家のスーザン・メトカルフェと結婚した。(2) この結婚を機に、そして特に数カ月後の開戦を境に、フランスや全面戦争から遠く離れて過ごすようになった。彼は中立国のスペイン出身だったために召集を免れ、一九一九年四月までもっぱらアメリカ大陸で演奏活動を行った。大西洋を再び横断するのは、カタルーニャで家族と夏を過ごすときに限られた。

当然のことながらヨーロッパ公演の可能性は極めて限られていた上、パリの芸術界も動員によって長期の混乱に陥っていた。彼はニューヨークで間接的にしか戦争の現実に触れなかった。中でも心を痛めたのは、友人のスペイン人作曲家エンリケ・グラナドスの死去だった。乗っていた客船が一九一六年三月にドイツの潜水艦による魚雷攻撃に遭い、犠牲となった。カザルスは程なく故人の子どもたちのために追悼演奏会をメトロポリタン歌劇場で開催し、トリオが得意としたベートーヴェンの『大公トリオ』をパデルフスキ、クライスラーと演奏した。同様に赤十字社に寄付するため、いくつかの慈善演奏会に参加した。しかし平和主義者であり、廉潔の士である彼は、アメリカでドイツ音楽を全面的にボイコットする動きに断固反対した。「憎悪で分別を失い、ドイツの巨匠を追放しようとした人たちがいる時代だったからこそ、人間の精神と人々の友愛のかくも美しい証しであるバッハ、ベートーヴェン、モーツァルトの作品を演奏することが不可欠だと私は感じた」[3]と後年、この件について述懐している。

カザルスは一九一九年、再びヨーロッパに戻るが、青春の思い出と長年の友情が詰まったパリではなくバルセロナに向かった。カタルーニャ州都にふさわしい管弦楽団を創設する心積もりだった。そこで彼は指揮者という新しい道を歩み始めた。自ら楽員を選考し、私財を投じて立ち上げたパウ・カザルス管弦楽団は一九二〇年から一九三七年まで活動を続けた。カザルスは交響曲の演奏会の傍らで、愛用のチェロを担いで再びヨーロッパとアメリカの各地を巡回した。

戦争はコルトーにとってより身近な現実だった。[4]一九一四年に兵役免除となり、翌一五年に衛生隊に編入されたので、塹壕戦を経験することはなかった。しかしながらこの時期は彼にとって、精力的に政治参加に取り組んだ時期であり、演奏活動はほぼ全面的に中断した。

コルトーは紛争当初から、突然の興行中止により収入源を奪われた演奏家を救済する慈善団体の設立に大きな力を注いだ。彼は祖国愛に駆り立てられ、神聖連合のイデオロギーを普及させるべく芸術催事を企画した。何よりもまず、音楽と愛国的な文章の朗読、軍の英雄的行為の証言を代わる代わるに披露するマチネ・ナショナル（国民昼興行）を四年間にわたってパリで開催した。次いでコルトーは、フランス兵士の慰問のために一九一五年に結成された劇団「テアトル・オー・ザルメ」の音楽監督を務めた。とはいえ彼もまた偏狭なナショナリズムとは距離を置き、古典派ゲルマン系作曲家を排除することはなかった。フランス人音楽家たちが音楽で戦争努力に貢献する活動で発揮された彼の統率力は、一九一六年以降、国家の枠組みの中に組み込まれた。一九一六年に美術事務次官官房に抜擢され、高級官僚となったピアニストは、官房内に芸術宣伝部を開設し、そこで陣頭指揮を執った。対外芸術活動の先駆けとして数多くの演奏家の公演を中立国や同盟国で開催し、祖国の文化を伝播させることで世論の共感をフランスに引きつけようとした。こうして彼の中で初めて強い愛国的義務感、行政行動と権力の奥義への明らかな志向、そして真の政治的野心が芽生えた。フランス音楽界の活動を組織化し、合理化し、さらには国営化するという野望である。

彼は大戦最後の数カ月間、不承不承ながらピアノに戻った。クレマンソー政府の要請で、彼の宣伝部が立案した最も重要な作戦であるパリ音楽院管弦楽団のアメリカ公演でソリストを務めることになったからだ。彼は一九一八年十月から一九一九年一月にかけて新大陸を初めて訪れ、約四十回の演奏会（フランスの管弦楽団との協演に加え、地元の管弦楽団との協演や独演会など）を行い、文字通りスターダムにのし上った。この新大陸発見が彼の演奏活動に再び弾みをつけた。一九二〇年代を通じてほぼ毎年、アメリカに数カ月間滞在し、一シーズンに約百五十回という凄まじいペースで演奏会を敢行した。

ジャック・ティボーは三人の中で唯一、身をもって前線を体験した。というのも一九一四年に砲兵連隊に配属されたからだ。一九一五年に負傷して退役後、とりわけコルトーが企画した事業に参加し、音楽家として国の大義に貢献した。一九一五年十一月七日のマチネ・ナショナルでは、コルトーの指揮でラロの『スペイン交響曲』を弾いた。その後も複数の「プロパガンダ芸術」公演を遂行した。特にアメリカには、一九一七年と翌一八年に長期滞在し、おびただしい数の演奏会を行った。彼もまた現地の音楽文化水準の高さのみならず、この新しい国が提供する優れた物質的条件（ホールの大きさや音響効果、録音技術の進歩、高額な出演料）に驚いた。トリオの仲間と同様に、第一次世界大戦後はアメリカ公演が彼の演奏活動の極めて大きな部分を占めた。例えば一九二〇年、一九二一年、一九二三年は六カ月近く滞在した。

トリオのメンバーは戦争で離散したとはいえ、戦時中もずっと連絡を取り続けていた。ティボーとコルトーは前述した通り、特に緊密な関係を保っていた。彼らは一九一五年十一月七日に協演したほか、ティボーはコルトーが運営するフランスのアメリカ向けプロパガンダの代行者だった。彼は一九一八年初め、アメリカの報道機関のインタビューに応じ、それまで同国で無名だったコルトーの訪米を発表した。二人とも同じアメリカ人興行師アーサー・ジャドソンに委託し、彼の後ろ盾で一九二〇年三月に一九一四年以来となるデュオ演奏会をサンフランシスコとロサンゼルスで開催した。次のシーズン（一九二〇～二一年）には二人で同じ客船で渡米し、再び一緒に演奏会を行った。

カザルスは二人と疎遠になっていたのかもしれない。というのも開戦前から新しい生活を始めていた上、仲間二人の愛国心の高まりを共有していなかったからだ。それでも一九一七年から一九一九年までの間、彼らが（カザルス自身も在住していた）アメリカに滞在中に顔を合わせた可能性はある。理由は不明だが、終戦直後はコルトーとカザルスの関係が初めて冷え込んだ時期である。[5] その後、カザルスは先述したように自身の管弦楽団の創設に没頭したが、仲間二人の名前は早速、招待ソリストのリストに挙がった。ティボーが一九二一年、カザルス管弦楽団室内楽協会の一環として、ヴァイオリン・ソナタのプログラムに出演した一方、コルトーは一九二二年にカザルスの指揮で演奏した。

同様に三人とも、コルトーと音楽評論家オーギュスト・マンジョによって構想されたエコール・ノルマル・ド・ミュジック設立計画に参画した。この私立学校の創立は一九一四年から一九一八年までのコルトーの愛国的活動の延長線上にあった。というのも同校は何よりもまず、外国人留学生をパリに引き寄せ（パリ音楽院は限られた人数の外国人しか受け入れなかった）、優れた音楽とフランスの教育を紹介することを目的としたからだ。その上、このエコール・ノルマル（師範学校）は一流演奏家や作曲家だけでなく、有能な教師の育成も図っていた。そのためにパリ音楽院よりも総合的な教育を提供した。この事業の中心人物だったコルトーはトリオの仲間に対し、エコール・ノルマルに彼らのお墨付きを与え、財政（ティボーとカザルスは共にエコール・ノルマルの株主になった）と芸術の両面で支援するよう説得した。二人は初年度（一九二〇～二一年）から早速、それぞれの楽器の「教育責任者」として、その他の教授が日々教えるクラスを監督し、[6]

学年末には最上級生に一連の演奏講座を行った。

トリオ復活、演奏会を再開

こうして戦争を乗り越えて関係が存続し、新たなプロジェクトに共同で取り組んだことが、トリオの演奏会の再開につながった。コルトー、ティボー、カザルスは一九二一年六月、エコール・ノルマルで最初の講義を行うためにパリで一堂に会した。これを千載一遇の好機ととらえ、三人で演奏会を開くことになった。この復活公演は六月三十日にモガドール劇場で行われ、ベートーヴェン（『ピアノ三重奏曲第六番』）とシューマン（『ピアノ三重奏曲第三番』）の作品に加えて、ラヴェルの近作『ピアノ三重奏曲』（一九一四年）が初めて演奏された。同様に二つの演奏会が翌年六月七日と九日、バルセロナで開催された。コルトーとティボーが同地を訪れ、地元の音楽文化の発展に一役買った。

しかしトリオの演奏会は一九二〇年代前半、数えるほどしかなかった。実に五シーズン（一九二四〜二五年まで）で十四回にすぎない。この回数の少なさは、個々の演奏活動の多忙さ（中でもアメリカ公演）や、カザルス管弦楽団の指揮やエコール・ノルマルの運営などの重責を勘案すれば納得できる。その上、一九二二年にバルセロナで開催した二回の演奏会を除いて、彼らがこの間、パリ以外で演奏することはなかった。実際には五月か六月に演奏会を一回、二回もしくは三回、パリの舞台で行うために再会するというかつての習慣を取り戻したにすぎない。このシーズンを締めくくる恒例行事は「トリオ後期」を通じて散見された。正確には一九二六年、一九二七年、一九三二年、一九三三年に開催され、一九二八年から一九三一年までは開催されなかった。この三年間、トリオはパリに二回しか姿を現さず、しかもシーズン終盤とは別の時期だった（一九二八年十二月十二日、一九三〇年三月十七日）。

これらすべての演奏会は新しい代理人シャルル・キースゲンによって運営された。彼は元チェリストで、一九〇三年から一九〇九年までカザルスに師事した。健康上の理由から演奏家の道を断念し、一九一二年に興行師に転身して長く活躍した。キースゲンの国際演奏会事務所は、とりわけ恩師カザルスとコルトーの権益を守った。さらに妻がシャルル・ラムルーの孫娘だったり、仕事上の主な協力者がイザイの息子の一人だったりと、さまざまな面でトリオとつながっていた。(7)そのほかにも二回の格調高い演奏会が一九二三年（フォーレの立ち合いのもとで行われた彼の新曲『ピアノ三重奏曲』の公開稽古）と一九三一年（コルトー主催による「私的演奏会」の一環として）、エコール・ノルマルで開催された。

トリオはパリでは相変わらず活動的だったが（二十五回の演奏会は後期全体の三分の一を占める）、地方へはすっかり足が遠のいた。一九三三年五月十三日にストラスブールで、後期のほぼ最後となる演奏会を一回開催したのみである。かくして一九一〇年に始まった変化は常態化した。すなわち三人の音楽家はフランスを一緒に巡業する時間がもはやなく（コルトーとティボーは相変わらずソロまたはデュオで地方公演を行っていたが）、地方の劇場支配人も三人の興味を引くような出演料を提示できなくなった。

その代わりにトリオは一九二五～二六年から海外公演を再開したが、こちらも変則的なペースだった。例えば精力的な二シーズン（一九二六～二七年、一九二八～二九年）に挟まれて、まったく演奏会がなかったシーズン（一九二七～二八年）があった。最も多く訪れた国はイギリスで、演奏会の回数はフランスよりも多い二十七回を数えた。コルトー、ティボー、カザルスは、すでに戦前から彼の地でもソリストとして名を馳せていたが、その名声は一九二〇年代、特にレコードによって飛躍的に高まった。現にトリオは一九二六年から一九二八年にかけてロンドンで、ほぼすべての録音を「ヒズ・マスターズ・ヴォイス（ＨＭＶ）」に行っている。

地元の興行師たちは彼らの演奏会の興行権をめぐって激しい争奪戦を繰り広げた。この競争をトリオはうまく利用したようだ。例えば、ロンドンで数回の演奏会を有力な音楽事務所イブス・アンド・ティレット[8]に委託した一方（一九二七年と一九三〇年の演奏会）、二回のイギリス全国公演は別の事業者が準備を担った。最初のイギリス公演（一九二五年十一月に六回の演奏会）はマックス・モーセル・コンサーツが請け負った。この興行主は寄付金により運営された演奏会協会で、バーミンガムを拠点とし、特に地方演奏会の興行を手掛けていた。一九二八年秋の二回目のイギリス公演は、興行師ライオネル・パウエル（一八七八～一九三二）が八方手を尽くした結果だった。彼は自身五十歳の誕生日を盛大に祝おうと大金をはたいて、パデレフスキ、シャリアピン、クライスラー、そしてトリオといった錚々たる顔ぶれのスターを招聘した。イングランド、スコットランド、アイルランドを巡るこの特別公演は、トリオ後期の演奏会の四分の一余りを占め(合計十九回)、公演の最後を飾る演奏会が十二月九日、巨大なロイヤル・アルバート・ホールで開催された。

スイスも本格的な公演が行われた国だが、期間はぐっと短かった。トリオは一九二七年四月に続けて三回の演奏会(ローザンヌ、ヴヴェイ、ジュネーヴ)を行い、一九三一年春に再訪した。この二度目のスイス公演は三月に予定されていたが、同月十三日にチューリッヒで行われた最初の演奏会後、カザルスの母親の死去を受けて中止された。公演は五月末から六月初めまでの期間に延期され、ジュネーヴ、ヴヴェイ、ベルン、バーゼルで演奏会が行われた。これら二回のスイス訪問は、ジュネーヴの興行師アンリ・ジョヴァンナがフランス芸術活動協会(AFAA)の協力を得てお膳立てを整えた。コルトーが一九一六年に創設した宣伝部の後身であるAFAAは当時、国、わけても在外公館の支援を得ながら、フランス人音楽家を外国に売り込む一種の音楽事務所として機能していた。例えば一九二七年の演奏会を開催するに当たっては、ジュネーヴとバーゼルのフランス領事館に協力を仰いだ(9)。

同様にトリオはベルギーとも深い縁があった。大変な音楽愛好家だったエリザベート王妃をはじめ、ベルギー王室成員はブリュッセルでトリオの演奏会をよく鑑賞した。同王妃が一九三七年に創設した有名な音楽コンクールは今日、創設者の名前を冠している。若い頃から慕っていたイザイの母国であることも、トリオが一九二六年、一九二七年、一九三一年とベルギーに招聘された理由だった。最後の一九三一年六月三日の演奏会は特に感動的だった。ベルギーの偉大な音楽家イザイの死去（五月十二日）から一カ月経たずに行われたからだ。コルトー、ティボー、カザルスは翌年五月二十一日と二十二日、故人の遺徳をたたえる記念碑の建立資金を集めるため、二回の追悼演奏会を行った。二回目の演奏会後、彼らは貴賓席に呼ばれ、レオポルド二世勲章を伝達された(10)。

トリオは一九二二年六月の演奏会後、バルセロナを二回再訪したが、戦後のスペイン公演はこれだけにとどまる。いずれも記念すべきものだった。最初の公演（一九二七年四月）はベートーヴェン没後百周年記念で、人間味にあふれた強烈な個性のイザイも客演した。彼は四月十九日、トリオとカザルス管弦楽団が協演した『三重協奏曲』の指揮を務めた（二日前の演奏会では『ピアノ三重奏曲第三番』作品一-三、『同第五番』作品七〇-一、『同第七番』作品九七が披露された）。この演奏会が音楽家イザイの最後の晴れ舞台となった。「四人で協力して作り上げた真心あふれる舞台だった。聴衆の激しい熱狂ぶりはいつまでも忘れることのできない思い出だ。ものすごい熱狂で、本当に感動的だった。生涯でめったに感じることのない感覚で、芸術の大いなる教えでもあった」と彼は一九二七年七月、ベルギーの『ラクション・ミュジカル』紙に書いている。他方、一九二九年五月九日の演奏会も特筆すべきである。この年にトリオが行った唯一の演奏会だったことに加え、プロデューサーのフレッド・ガイズバーグ(11)とHMVの録音技師が時を同じくしてロンドンからバルセロナに乗り込み、コルトー、ティボー、カザルスの最後の録音となったブラームスの『二重協奏曲』を五月十日と十一日、カザルス管弦楽団とともに盤に刻んだからである。

第一次世界大戦後、(辛うじて)最後に訪れた国はイタリアで、トリオとして最後となる二つの演奏会が行われた。一つは一九三四年三月二十八日、フィレンツェのアミーチ・デッラ・ムジカ財団に招聘されて行った演奏会、もう一つは前日に同財団会長の実業家アルベルト・パッシーリ(12)のために行った私的演奏会である。

トリオの地理的な活動範囲は結局、一九一四年以前と同様、ヨーロッパ六カ国に限られた(一九二一年に独立したアイルランドを含む)。前期と比較すると、ドイツへは足が遠のいた一方、イギリスが贔屓の土地となった。フランス人が一九三〇年以前にドイツで演奏することはほぼ皆無だった。他方、コルトー、ティボー、カザルスはアメリカでは一度も演奏しなかった。三人とも個人ではしばしばアメリカ公演を行っていた上、主催者側も一九二九年の大恐慌以前は多額の資金を右から左へと動かせたので、トリオの演奏会を実現するためには「あらゆる犠牲を払う用意があった(13)」。しかし魅力的な申し出にもかかわらず、三人のスケジュールは結局、ここでもまた、他所と同様に調整不可能なことが判明した。

成功があだに？

当時、頂点を極めたトリオの名声は、利益の追求に余念がない音楽事務所によって巧みに維持された。特に広告手法で一歩も二歩も先んじていたイギリスの場合がそうで、先述したように、レコードのヒットがトリオの名声に拍車をかけた。例えば一九二八年秋の公演では、ライオネル・パウエルが「間違いなく世界が生み出し得る最高のトリオ」と銘打った広告を出した。この最上級表現は公演に行く先々の地元紙でこぞって使われた。例えば「最高のフランス人ヴァイオリニスト、現代の最も偉大なチェリスト、おそらく現役最高のピアニスト」（『イヴニング・テレグラフ』紙、一九二五年十一月三十日）、「この唯一無二の芸術的な三位一体」（ブリュッセルの『レヴァンタイユ』紙、一九二六年七月十一日）、「唯一無二の天才演奏家集団」（『ラ・ガゼット・ド・ローザンヌ』紙、一九二七年四月十二日）、「神々が許す完璧への最も近い道」（『ミュージカル・タイムズ』誌、一九二七年六月）、「夢見うる限りで最も素晴らしいアンサンブル」（『レヴァンタイユ』紙、一九二七年六月二十六日）、「喝采を浴びた高名な名手トリオ」（バルセロナの『ラ・バングアルディア』紙、一九二九年十二月十七日）、「この世に完璧などありえないという古諺（を彼らは一蹴した）」（『ラ・ガゼット・ド・ローザンヌ』紙、一九三一年六月三日）などである。

とはいえ、この栄光には負の側面もあった。「いやはや、ティボー、コルトー、カザルスを集めることは至難の業、めったにお目にかかれやしない！」[14]と作家ラウル・フォルローは一九二六年、トリオの活動にますます重くのしかかる現実を嘆息まじりに表現した。例えばフランス芸術活動協会は一九二七年七月、スイスのバーゼル室内楽協会に「各自の出演契約が重なり、一九二八年六月初めまで、三人の演奏家が同じ場所に集まることはできない」[15]と伝えている。年月を経れば経るほど、トリオの出演はあらゆる意味で特別なものになった。彼らは記念日にたびたび演奏した。例えば作曲家の記念日（一九二七年のベートーヴェン没後百周年、一九三三年のブラームス生誕百周年）、より世俗的なところでは、資産家で有力な興行師の記念日（一九二八年、ライオネル・パウエル五十歳の誕生日）などである。フォーレに敬意を表する演奏会（一九二三年、エコール・ノルマル）や、イザイを追悼する演奏会（一九三一年、一九三二年）もあった。加えて、彼らの演奏活動は社交的ひいては儀礼的な色合いを帯びることがままあった。ベルギー訪問の際には式典や、王家から勲章が授与される叙勲式が執り行われた。おそらくバルセロナでも同じように、カタルーニャ州当局者から丁重な扱いを受けただろう。同様にフランス芸術活動協会が関与したことで、彼らの公演はほぼ公式的な性格を帯びた。スイスでは現地駐在のフランス領事がトリオの演奏を鑑賞し、三人を会食に招くのが恒例となっていた。

さらにトリオの名声自体が演奏回数の減少につながった。友情に基づいた演奏会や特別記念演奏会でもない限り（前述した事例のように）、コルトー、ティボー、カザルスを集めるには、一九一四年以前よりも出演料を一段と引き上げる必要があった。彼らは一九二七年、一万スイスフランの利益保証と引き換えにバーゼルに来ると知らせていた。[16]「アメリカの大富豪か最も大胆な興行師でもなければ、これほどの大物を三人も演奏会のプログラムに載せる大盤振る舞いはできまい」と『ラ・スイス』紙（一九二七年四月十二日）が、興行師アンリ・ジョヴァンナを称賛して書いたのももっともである。ジョヴァンナはイギリスの同業者と同じように、公演の開催に必要な値段をつけることを心得ていた。事実、三人のアーティストの巨額な利益が、シャルル・キースゲンの会計簿で明らかになっている。一九三一年、スイス公演で各自が受け取った金額は一万一〇〇〇フランを超えたほか、パリの演奏会では一回だけで四万フランを超えた。これは当時の賃金労働者の年収五年分近くに相当する。[17]

この出演料の高騰は、トリオの芸術に影響を及ぼさないわけにはいかなかった。トリオは興行主や聴衆の求めに応じて徐々に大きなホールで演奏せざるを得なくなった。そうしたホールは当然のことながら室内楽の親密な性格にはそぐわなかった。この拡大傾向はパリの演奏会で顕著だった。戦前はサル・ガヴォーやサル・デ・ザグリキュルトゥール（千席未満）で開催されていたが、一九二一年から一九二四年にかけてはモガドール劇場やシャンゼリゼ劇場（それぞれ千八百六十席と千九百席）で開催された。しかも一九二三年には、演壇に椅子三百脚を追加する事態となった。[18]トリオは一九二五年、フリッツ・クライスラーに倣って、ガルニエ宮（パリ・オペラ座、約二千席）の広大で豪華な舞台に立つことにした。クライスラーは前年十一月、ソロの器楽奏者として初めてガルニエ宮で演奏した。トリオは一九二七年以降、さらに広大なプレイエルの新しいホール（三千席）で、恒例のシーズン最後の演奏会を行った。彼らが演奏するところはどこでも事情は同じだった。ブリュッセルではモネ劇場（千百席）から新しいパレ・デ・ボザール（二千二百席）に鞍替えした一方、バルセロナのカタルーニャ音楽堂の収容力は二千席を超えた。一九二五年から一九二八年までのイギリス公演でよく使われたホールも大半が同様の規模だった。それでも当時の新聞の報道によれば、イギリス公演は常に「満員御礼」だった。極め付きは一九二八年十二月九日のロイヤル・アルバート・ホールで、当時九千人まで収容可能だった。

最も好意的な評論家さえも指摘したように、会場の巨大化は観客の鑑賞を妨げる結果となった。例えばコルトーの熱烈な信奉者だったジャンヌ・ティエフリは、『ル・モンド・ミュジカル』誌（音楽評論家オーギュスト・マンジョの音楽誌）に、一九二三年六月のシャンゼリゼ劇場は「人でごった返した」印象を与え、まるで「市が立った広場」のようだったと書いている。彼女は九年後、サル・プレイエルでの演奏会について「作品の性格と不釣合いな巨大な会場」を嘆き、聴衆には「もはや物理的に音が届かない」（一九三二年六月三十日）ことを指摘した。同様にカミーユ・ベレーグは一九二五年、オペラ座の最前列に座れたことを喜んだが、「あまりに巨大な観客席の後部や上部では、おそらくよく聞こえなかっただろう[19]」と推察した。ロイヤル・アルバート・ホールでも、音楽評論家が一九三〇年、弦楽器の響きがピアノの音にかき消される嫌いがあったことを確認している[20]。

トリオの活動続行を取り巻く環境は、もう一つ別の負の結果をもたらした。それはレパートリーの更新がなかったことである。三人の演奏会では「追加練習を一切しない」とティボーが一九二四年に書いている。[21] 事実、稽古はまれになり、さらに皆無となり、彼らは長年よく知る作品を主に演奏した。プログラムに登場する作品数は第一次世界大戦前からすでに減っていたが、この減少傾向にさらに拍車がかかった。前期にまれに演奏された作品（コレッリ、ラモー、モーツァルト、シューベルトの『ピアノ三重奏第二番』、チャイコフスキーなど）は、エマヌエル・モールの作品やブラームスのピアノ三重奏曲第一番、第二番と同じように姿を消した。

新しいレパートリーはフランス人作曲家の近作二曲にとどまった。ラヴェルのピアノ三重奏曲（一九一四年）とフォーレのピアノ三重奏曲（一九二三年）である。後者は間違いなくコルトー、ティボー、カザルスを想定して作曲された作品だが、前者についてはその可能性は（完全に否定できないにせよ）はるかに低い。とはいえ、いずれの作品も彼らが初演者ではない。ラヴェルの作品はトリオが戦争で散り散りになっていたころに初演されたが（一九一五年、カゼッラ、ヴィヨーム、フイヤールによって）、戦後最初の演奏会（一九二一年六月三十日）で取り上げられた。このときばかりはコルトー、ティボー、カザルスも新曲（しかも難曲）を覚えて、稽古する時間をとった。彼らは作曲家本人にも助言を求めたが、カザルスの回想によれば大した成果はなかったようだ。というのもラヴェルは「書いてある通りに演奏すればよろしい」とすげなく言い放ったからだ。矛盾しているようだが、ラヴェルは演奏会で彼らが「自分の指示を彼らなりに[22]」解釈して演奏するのを聞いて満足したようである。フォーレとの関係ははるかに友好的だった。彼の『ピアノ三重奏曲』（一九二三年五月十二日、タティアナ・ド・サンゼヴィッチ、ロベール・クレトリ、ジャック・パテにより初演）の公開稽古が一九二三年六月二十一日、エコール・ノルマルで行われた。三時間にわたって作曲家と演奏家の間で充実した対話が繰り広げられ、観客はその音楽の深淵に触れて驚嘆した。この時の出会いは後に有名になる肖像写真に永久にとどめられ、作品は一週間後に演奏会で披露された。とはいえコルトー、ティボー、カザルスが後年、演奏する機会が多かったのはラヴェルの作品である。

これらの追加曲を除けば、一九二一年から一九三四年までのプログラム一覧ははなはだ単調である。一覧に含まれる二十四作品のうち十回以上登場するのは、中核を成す八作品だけである。最も演奏回数が多かったのはシューベルトの『ピアノ三重奏曲第一番』で、特に三人が吹き込んだレコード（一九二六年、トリオ最初の録音）が空前のヒットを記録してからは、まさにトリオの看板楽曲となった。この作品は七十四回の演奏会で四十四回演奏された。次いでハイドンの『ピアノ三重奏曲ト長調』（三十回）、メンデルスゾーンの『ピアノ三重奏曲第一番』（二十八回）と続く。これら三つの楽曲（シューベルト、ハイドン、メンデルスゾーン）が上位を占めたのは、一九二八年の大規模なイギリス公演の演目だったからである。コルトー、ティボー、カザルスはお気に入りだったベートーヴェン（『大公トリオ』、第五番と第六番）とシューマン（第一番と第三番）のピアノ三重奏曲も引き続き取り上げた。その他の楽曲は二義的な扱いにすぎない。

最も演奏回数が多かった五つの楽曲は一九二六年から一九二八年にかけて録音され、最後までレパートリーの柱だった。一九三四年三月にイタリアで行われた最後の二回の演奏会でも、ハイドンの『ピアノ三重奏曲ト長調』、メンデルスゾーン、シューベルト、シューマンの『ピアノ三重奏曲第一番』、『大公トリオ』が演奏された。

年を追うごとにマンネリ化し、同じ演目の繰り返しが目立つようになったという印象は、多少和らげる必要があるだろう。コルトー、ティボー、カザルスが一シーズンに数回は彼らが崇拝する楽曲を演奏したいという欲求に駆られたとしても無理はないと思えるからだ。加えて、彼らにとって自発性、一瞬一瞬の経験、美的感覚の共有は極めて重要だった。それゆえに演奏ごとに前回とは違う世界が繰り広げられたのかもしれない。とはいえ、あまり代わり映えしない四半世紀に及ぶ演奏活動の末、同じ楽譜を再読する演奏会を多々重ねた上、やがてレコーディングもするトリオは一九二〇年代末、その芸術的可能性を汲み尽くし始めたと考えられる。

「パボロ、観客にあいさつしに行くぞ！」、最後まで尽きることのない共に演奏する喜び

いささか重過ぎる名声、三人が顔をそろえるための困難極まりない日程調整、時として彼らの登場を取り囲むように執り行われる儀礼的な公式行事、芸術的課題より優先されることもあったそろばん勘定、広過ぎて楽器の音が散逸する会場、定番レパートリーを脱することが不可能な状

態など、こうした後期特有の事情は（その兆候はすでに一九一〇年から一九一四年の間に見られていたが）、三人のアーティストが目もくらむようなペースで活動を続けるにつれて、最初期の気楽さや優雅さを失ってしまったかのような印象を与えるかもしれない。しかしトリオの冒険がほぼ一九三〇年代半ばまで続いたのは、それでもなお何かが存在し続けていたからに違いない。ティボーが一九二四年にアメリカから彼の代理人に宛てた手紙は、この精神状態を如実に表している。

パブロ・カザルスにヤングスタウンで会ったが、彼も私と同様、ロンドンで五月に開催することが去年決まった我々のソナタとトリオの演奏会が立ち消えになったかもしれないと聞いて愕然としている!!　だれがその決定を下したんだ？　私にはアルフレッド・コルトーの意見とは思えない。そもそも彼が言い出したんだから。君はアルフレッドに会って、パブロと私が驚いている、我々はこの演奏会をやりたいと思っている旨を伝える必要がある。（…）我々の演奏家人生において、これらの演奏会は生きがいともいうべきものだ。パリとロンドンだけが演奏会を開く財政手段があるはずだ。この点は大いに強調しておく。カザルスはひどく落ち込んだ様子で、この計画の建て直しを私に託した。ミシェルとカザルスの代理人と、君とキースゲンとで、五月か六月で可能な日程を取り決めてほしい。(23)

確かに財政的制約の件が手紙の大半を占めているし、ほぼ代理人を介してしか連絡を取れなくなっていた三人のアーティストの間で、目に見えない不協和音も生じていた。とはいえ、演奏会がもたらすこの「生きがいともいうべきもの」が障壁を克服する力となった。ようやく三人が再会したとき、彼らは好きな音楽を気兼ねなく一緒に演奏する喜びを取り戻した。離れていると不機嫌にもなったが、ひとたび集まればいつも気の置けない雰囲気に包まれた。例えば一九二六年にブリュッセルで演奏会を行った後、イザイ宅の夜会で青春時代の思い出がよみがえり、興に乗ってシューマンやベートーヴェンの一節を即興で演奏した(24)。

同様に一九二八年のイギリス公演では、かつてのようにティボーが仕掛けた思わず吹き出す忘れ難いエピソードがあった。相変わらず忘れっぽいたちだったティボーは、演奏会用の靴を忘れ、興行師の靴を拝借することになった。彼が足で拍子をとると、客席から靴底に穴が開いているのが見えた。気の毒な興行師は「後生だから拍子をとるのを止めてもらえませんか？　私の金払いが悪いせいで、あなたは靴底の張り替えすらできないと人に言われるじゃありませんか！(25)」と幕間に懇願した。一緒にいると疲れも何も吹き飛んだ。この公演が終わると、彼らは十二月十二日十八時にパリ北駅に到着、二十一時にはサル・プレイエルで次の演奏会に臨んだ。この楽しい演奏生活は最後まで続いた。一九三一年のスイス公演では、演奏会が終わるごとに友人を連れ立って夜食会を共にした。ジュネーヴでは、ティボーが若い魅力的な女性ルネ・シェーヌを友人たちに紹介すると、コルトーがたちまち恋に落ちた……。ブラームス生誕百周年記念公演の最後の演奏会（一九三三年五月十一日）では、体調を崩したカザルスがどうしても演奏すると頑張った。

彼のたっての願いで、興奮剤を与え、注射を打ち、発破をかけ、演壇に担ぎ上げた。彼はいつもと変わらなかった、つまり古今無双だった。観客は三人のアーティストに鳴りやまない拍手喝采を送った。（舞台袖に下がった）カザルスは目で椅子を探した。アルフレッド・コルトーとジャック・ティボーは彼に合図をした。「パボロ」とティボーは大声で呼んだ。「ほらパボロ、観客にあいさつしに行くぞ！」。彼とコルトーは哀れなパボロを両脇から抱えて、舞台に引きずっていった。(26)

若い頃と同じように冗談を言いながら、腕を組んで「観客にあいさつしに」行った五十代のスター三人の滑稽でありながらも心打たれる場面は、パリの舞台でトリオが見せた最後の勇姿だった。

コルトー（左）とティボー
1925年頃、ドイツ・フランクフルトで、D. P. ヴォルフ（D. P. Wolff）撮影

第七章　金銀財宝

トリオのレパートリーとレコード

演奏会、その収入とレパートリー

ざっと二十八年に及ぶトリオの活動をつぶさに見てきたが、より高い視点から全体を俯瞰するならば、この異例ずくめの音楽歴をどのように総括できるだろうか？　何よりもまず三人の演奏家にとって、この音楽歴があらゆる点で重要だったことを強調すべきだろう。芸術と興行の両面で実り多い、たぐいまれな相互理解によって結ばれたアルフレッド・コルトー、ジャック・ティボー、パブロ・カザルスは、プロの演奏家としての地位の確立のみならず、快適な暮らしの確保のためにもトリオの成功に賭けた。現に彼らの演奏会は各メンバーに多額の収入をもたらした。コルトーが普段つけていた備忘録によれば、彼はトリオの出演料として以下の金額を受領していた[1]。

一九〇六〜〇七年　六七三九フラン（約二万三五〇〇ユーロ、約二六〇万九九〇〇円[2]、二〇一一年時点）
一九〇七〜〇八年　一万四二三九フラン（約四万九八〇〇ユーロ、約五五三万八〇〇円、同右）
一九〇八〜〇九年　一万三八八一フラン（約四万八五〇〇ユーロ、約五三八万六四〇〇円、同右）
一九〇九〜一〇年　一万三八八フラン（約三万八〇〇〇ユーロ、約四二二万三〇〇円、同右）
一九一〇〜一一年　三二二五フラン（約一万二四〇ユーロ、約一一三万七二五〇円、同右）
一九一一〜一二年　三六六六フラン（約一万一五三〇ユーロ、約一二八万五〇〇円、同右）
一九一二〜一三年　二七〇〇フラン（約八五〇〇ユーロ、約九四万四〇〇〇円、同右）
一九一三〜一四年　二六〇〇フラン（約八二五五ユーロ、約九一万六八〇〇円、同右）
合計五万七四三八フラン（約二〇万ユーロ、約二二〇三万円、同右）

これらの数字は貨幣価値の低下を考慮して、慎重かつ相対的にとらえるべきである。これを見ればトリオ公演の経済的利益は明らかである。

シャルル・キースゲン&テオ・イザイ国際演奏会事務所が、一九三一年五月と六月に行われたスイス公演のために作成した収支報告書によると、収入は三万六〇五五・〇五フランに上り、当時の貨幣価値を考慮すれば以下の通りになる。

ジュネーヴ　九三六七・三五フラン（約五三一〇ユーロ、約五八万九七〇〇円）
ヴヴェイ　八六四四・四五フラン（約四九〇〇ユーロ、約五四万四二〇〇円）
ベルン　八一七五・六〇フラン（約四六三五ユーロ、約五一万四八〇〇円）
バーゼル　九八六九・六五フラン（約五六〇〇ユーロ、約六二万一九〇〇円）

収入から経費を差し引くと、全公演で総額一万一四四一・四五フラン、一人当たり三八〇〇フラン（約六五〇〇ユーロ、約七二万一九〇〇円）[3]の収益となった。

一九三一年六月一日（月曜日）にベルンで開催された演奏会の運営には、感心せずにいられない。トリオはこの日、ベートーヴェン（『大公トリオ』）、シューベルト（『ピアノ三重奏曲第一番』）、ハイドン（『ピアノ三重奏曲ト長調』）を演奏したが、主催者のクロンプホルツ氏は演奏会の鑑賞希望者に「ご要望多数の場合は、インターラーケン、シュピーツ、トゥーン、ランゲンタール、ヘルツォーゲンブーフゼー、アヴァンシュ、ムルテン、フリブール、ビール、ベルンの間で、車による送迎サービスを実施します[4]」と提案していた。

このようにトリオの演奏活動が生んだ収益を「概観」しただけでも、三人のアーティストが物心両面の豊かさをもたらす室内楽の演奏で、ソロ活動を補う必要性があったことがよく分かる。三人はいずれもこの精神的な一体感とそこから生じる美的理想を追い求めていた。それゆえに以下に列挙する重要な作品群の演奏に、彼らが才能を注いだとしても驚くには当たらない。

ルートヴィヒ・ヴァン・ベートーヴェン

ピアノ三重奏曲第一番変ホ長調 作品一－一
ピアノ三重奏曲第二番ト長調 作品一－二
ピアノ三重奏曲第三番ハ短調 作品一－三
ピアノ三重奏曲第四番変ロ長調 作品一一
ピアノ三重奏曲第五番ニ長調 作品七〇－一『幽霊』
ピアノ三重奏曲第六番変ホ長調 作品七〇－二
ピアノ三重奏曲第七番変ロ長調 作品九七『大公』
アレグレット変ホ長調WoO三九
創作主題による十四の変奏曲変ホ長調 作品四四
ヴェンツェル・ミュラーの歌劇『プラハの姉妹』からリート『私は仕立て屋カカドゥ』による序奏、主題と十の変奏曲ト長調 作品一二一a
ピアノ、ヴァイオリンとチェロのための三重協奏曲ハ長調 作品五六ご購読ありがとうございます。このカードは、小社の今後の出版企画および読者の皆様とのご連絡に役立てたいと思いますので、ご記入の上お送り下さい。

〈書　名〉※必ずご記入下さい

●お買い上げ書店名(　　　　　地区　　　　　　　書店　)

●本書に関するご感想、小社刊行物についてのご意見

※上記をホームページなどでご紹介させていただく場合があります。(諾・否)

●購読メディア	●本書を何でお知りになりましたか	●お買い求めになった動機
新聞 雑誌 その他 メディア名 (　　　　)	1. 書店で見て 2. 新聞の広告で (1)朝日 (2)読売 (3)日経 (4)その他 3. 書評で(　　　　紙・誌) 4. 人にすすめられて 5. その他	1. 著者のファン 2. テーマにひかれて 3. 装丁が良い 4. 帯の文章を読んで 5. その他 (　　　　)

●内容	●定価	●装丁
□満足　□不満足	□安い　□高い	□良い　□悪い

●最近読んで面白かった本　(著者)　　　　(出版社)

(書名)

㈱春秋社　電話 03-3255-9611　FAX 03-3253-1384　振替 00180-6-24861
E-mail:info@shunjusha.co.jp

郵便はがき

料金受取人払郵便

神田局
承認

1743

差出有効期間
2023年12月31日まで
（切手不要）

101-8791

535

千代田区外神田
二丁目十八—六

春秋社
愛読者カード係

＊お送りいただいた個人情報は、書籍の発送および小社のマーケティングに利用させていただきます。

(フリガナ) お名前	歳	ご職業
ご住所 〒		
E-mail 小社より、新刊／重版情報、「web 春秋 はるとあき」更新のお知らせ、イベント情報などをメールマガジンにてお届けいたします。	電話	

※新規注文書（本を新たに注文する場合のみご記入下さい。）

ご注文方法　□**書店で受け取り**　□**直送(代金先払い)** 担当よりご連絡いたします。

書店名	地区	書名		冊
				冊

ソプラノのための二十五のスコットランドの歌 作品一〇八、ピアノ、ヴァイオリン、チェロ伴奏

ヨハネス・ブラームス

ピアノ三重奏曲第一番ロ長調 作品八

ピアノ三重奏曲第二番ハ長調 作品八七

ピアノ三重奏曲第三番ハ短調 作品一〇一

ヴァイオリンとチェロのための二重協奏曲イ短調 作品一〇二

アルカンジェロ・コレッリ

トリオ・ソナタ（いずれかは不明）

アントニン・ドヴォルザーク

ピアノ三重奏曲第四番ホ短調 作品九〇『ドゥムキー』

ガブリエル・フォーレ

ピアノ三重奏曲ニ短調 作品一二〇

セザール・フランク
ピアノ三重奏曲嬰ヘ短調 作品一－一
ピアノ五重奏曲ヘ短調（不詳）

ヨーゼフ・ハイドン
ピアノ三重奏曲第三九番ト長調 Hob.XV-25

フェリックス・メンデルスゾーン
ピアノ三重奏曲第一番ニ短調 作品四九
ピアノ三重奏曲第二番ハ短調 作品六六

エマヌエル・モール
ピアノ、ヴァイオリン、チェロと管弦楽のための三重協奏曲ニ短調 作品七〇
ピアノ三重奏曲ハ長調 作品八一

ヴォルフガング・アマデウス・モーツァルト
ピアノ三重奏曲ホ長調 K五四二

ピアノ三重奏曲ト長調 K五六四

ジャン＝フィリップ・ラモー
おしゃべり（『コンセール第四番』から）

モーリス・ラヴェル
ピアノ三重奏曲イ短調

カミーユ・サン＝サーンス
ピアノ三重奏曲第一番ヘ長調 作品一八
ピアノ三重奏曲第二番ホ短調 作品九二

フランツ・シューベルト
ピアノ三重奏曲第一番変ロ長調 D八九八
ピアノ三重奏曲第二番変ホ長調 D九二九

ロベルト・シューマン

ピアノ三重奏曲第一番ニ短調 作品六三

ピアノ三重奏曲第二番ヘ長調 作品八〇

ピアノ三重奏曲第三番ト短調 作品一一〇

ピョートル・イリイチ・チャイコフスキー

ピアノ三重奏曲イ短調 作品五〇『偉大な芸術家の思い出に』

コルトー＝ティボー＝カザルス・トリオの演奏会の目録作成を通して、三人のアーティストが四十曲足らずで共通のキャリアを築いたこと、公演では定期的に十五曲程度しか演奏しなかったことが明らかになった。この事実にはいくつかの理由がある。第一の理由として、三人のアーティストは常設の三重奏団ではなかったため、プログラムを練るために年に一度（夏）しか再会できなかったことが挙げられる。第二にコルトー、ティボー、カザルスはレパートリーをロマン派時代の楽曲に限定しようとしたことである。例外的に同時代の作品をいくつか取り上げたことはあったが、特段の芸術的意図があったわけではなく、むしろ機に乗じた選曲だった。モールの『三重協奏曲』は別として、サン＝サーンス、ラヴェル、フォーレのピアノ三重奏曲の存在は、これらの作品に対する一時的な関心の表れと受け止めるべきである。おそらく他に先駆けて演奏することで、彼らの専売特許にし得る可能性がまだ多少なりともあったのかもしれない。
最後に、それは彼らの事業の当然の代償でもあった。コルトー、ティボー、カザルスは、ますます大きなホールに常により多くの観客を動員し、偉大な名曲（ハイドン、ベートーヴェン、メンデルスゾーン）でことごとく大成功を収め、彼らの代理人や銀行家を満足させていただけに、必ずしもレパートリーを広げることを望んでいなかった。さらに一九二八年に行われたイギリス公演の物理的制約にも触れる必要がある。シューベルトの『ピアノ三重奏団第一番』の録音がまだ記憶に新しい中（レコードは発売後たちまち大ヒットを記録）、コルトー、ティボー、カザルスは十一月十五日から十二月九日まで、十八都市を巡回しなければならず、そのたびに演奏会場と音響条件が変わった。こうした状況下で同一のプログラムを披露することは、まさにチャレンジだった。

トリオのレパートリーを知る手立てとなるさまざまな資料（手帳、演奏会の広告や報告）に当たることで、彼らが演奏した楽曲のリストを作成することができた(5)。その中でも三人のアーティストが、聴衆から最大の賛意を得たベートーヴェンのピアノ三重奏曲を除いて、シューベルトの『ピアノ三重奏曲第二番』をめったに演奏せず、録音もしなかった理由が解せない。逆に、それまでフランスの聴衆からほとんど評価されていなかったシューマンとブラームスのピアノ三重奏曲を終始一貫して演奏した彼らの決意に感服せずにはいられない。珍しいところでは、チャイコフスキーの『ピアノ三重奏曲』を一回、ドヴォルザークの『ドゥムキー』を四回演奏している。

他方、セザール・フランクの『ピアノ三重奏曲嬰ヘ短調』作品一–一については、アルフレッド・コルトーが同作品に特別な思い入れがあったとしか思えない。というのも一九〇七年から一九〇九年の間に約十回も演奏したからである。

知名度を向上させた新しい媒体、レコード

トリオの「限定的」な活動に起因する嘆かわしくも無視できない事実がある。それはこの異例の三重奏団のレコードがあまりに少ないということである。希少性ゆえの価値があることは認めるにしても、返す返すも残念である。というのもトリオの録音は、三人の音楽家が吹き込んだ膨大なレコードのごく一部にすぎないからだ。それは押し並べて、当時の標準規格だった毎分七十八回転の直径二十五センチまたは三十センチ（十インチまたは十二インチ）のレコードだった。一九二〇年代までの「アコースティック」録音は、録音機のラッパのすぼまった末端部にある振動板に取り付けられたカッティング針を使って行われた。ワックス盤に直接カッティングするこの方式は一九二五年頃、マイクロフォンで変換された電気信号を増幅してカッターヘッドでカッティングする、いわゆる「電気録音」方式に取って代わられた。いずれの場合もメタル原盤（マザー）からメッキ加工を経て作成されたスタンパーを、シェラックにプレスすることで、レコードを大量に複製することができた。

アルフレッド・コルトーの名前は、ソプラノ歌手フェリア・リトヴィンヌが最初期に録音したレコード[6]の中の一枚のセンターレーベルに登場すべきだったが、音楽再生の黎明期にはピアノ伴奏者の名前を記載する習慣がまだなかった。最初にレコードレーベルに名前が載ったのはジャック・ティボー[7]だった。ソシエタ・イタリアーナ・ディ・フォノティピアのフランス子会社が一九〇五年、一連の八十回転と八十四回転のレコード（七十八回転三十センチ盤よりも直径がわずかに大きい盤）を発売した。そこにはマスネの『タイスの瞑想曲』とサン＝サーンスの『白鳥』の各編曲、ガブリエル・フォーレの『子守歌』、ヨハン・ゼバスティアン・バッハの『パルティータ第三番ホ長調』ＢＷＶ一〇〇六より『ガヴォット』などが収録されていた。彼は一九一六年にパリで、蓄音機総合商社パテ・フレールのパテフォン・レーベルに約二十面を吹き込んだ。一九一七年、一九一八年、一九一九年、これもパテ・フレール社だが、今度はアメリカのニューヨークにある同社の子会社に、サン＝サーンスの『序奏とロンド・カプリチオーソ』を含む複数の楽曲を録音した。伴奏はピアニストのドミニコ・サヴィーノや匿名の管弦楽団だった。ティボーは一九二二年、インターナショナル・グラモフォン・カンパニーと最初の録音契約を結んだ。ヘイズ工場の第一スタジオ（ミドルセックス州）で四枚のレコードを録音し、ヒズ・マスターズ・ヴォイス（ＨＭＶ）のレーベルで発売された。ピアノ伴奏はハロルド・クラクストンが務めた。ティボーは翌年、これもヘイズで、アルフレッド・コルトーとの最初のレコードとなるセザール・フランク作曲『ヴァイオリン・ソナタ』を録音した。

アルフレッド・コルトーは渡米直後、デュオ・アート方式の自動ピアノを開発したエオリアン社とピアノロール約二十本の製作に関する同意書を交わした。(8) 一方でアメリカのキャムデン(ニュージャージー州)に本拠を置くビクター・トーキング・マシン社が、彼に七十八回転盤の録音を依頼した(アルベニスの『セギディーリャ』、ショパンの『タランテラ』、リストの『レジェレッツァ』)。コルトーが最初に吹き込んだレコードは一九一九年二月に発売され、続いてグラモフォン・カンパニーによってヨーロッパに配給された。

コルトーは第一次世界大戦後、彼の人気がうなぎ上りだったイギリスで公演を再開した。彼の代理人ミッチェルは一九一九年十月二十八日から十一月二十九日にかけて、ロンドンのクイーンズ・ホールでの二回の大規模な演奏会を含む、延べ十六日間に及ぶ公演を企画した。(9) クイーンズ・ホールは満員札止めの大盛況となった。コルトーは十一月八日、この会場でヘンリー・ウッド指揮によるラフマニノフの『ピアノ協奏曲第三番』のヨーロッパ初演を行ったほか、十一月二十日にはアルバート・コーツの指揮でクロード・ドビュッシーの『ピアノと管弦楽のための幻想曲』を初演した。さらに翌一九二〇年九月二十二日から十二月十一日まで、イギリスで三十九回の演奏会を敢行した。その中にはジャック・ティボーと共演した演奏会も複数あった。十一月二十七日にロンドンのウィグモア・ホールで開催したシューマン・リサイタルは、イギリスにおける彼の声価を確立した上、ポーランド出身のピアニスト、パウル・コハンスキやアルトゥール・ルービンシュタイン、作曲家のカロル・シマノフスキから称賛を受け、彼らと友情を結ぶきっかけとなった。

ミッチェルとの契約の三年目かつ最後の年となった一九二一年、イギリスで二十九回の演奏会を行った（この公演で得た報酬は七万八〇〇〇フラン、約八万ユーロ、約八八万四八〇〇円）。イギリスの音楽愛好家から絶大な人気を得たコルトーは、グラモフォン・カンパニーのアーティスティックディレクター、フレッド・ガイズバーグから言わば家族同様に迎え入れられ、ソロ演奏だけでなく室内楽も録音するため、一九二三年に彼と最初のレコーディング契約を結んだ。同年秋の最初の録音では、ティボーと協演したフランクの『ヴァイオリン・ソナタ』に加えて、シューマンの『謝肉祭』と『ピアノ協奏曲』（ランドン・ロナルド指揮、アルバート・ホール管弦楽団）、さらにドビュッシーの楽曲（『子供の領分』、『沈める寺』）を吹き込んだ。コルトーは最期までヒズ・マスターズ・ヴォイスとつながりを保った。そのレコードレーベルには、蓄音機のラッパから出てくる「主人の声」に左耳を傾けて聞き入るフォックス・テリア犬の「ニッパー」(10)がトレードマークとして描かれていた。とはいえコルトーは一九二〇年代末まで、ＨＭＶと並行してアメリカのビクター・トーキング・マシンにも録音し、わけても一九二五年三月に最初の電気録音方式の商業用レコードを吹き込んだ。

他方、カザルスは第一次世界大戦下、滞米中の早い段階にアメリカン・グラモフォン・カンパニー（コロンビア・レコードの前身で、フレッド・ガイズバーグが当時従事していた）と契約を結んだ。彼は一九一五年一月十五日、エルガーの『愛のあいさつ』、『なつかしい木陰よ』（ヘンデルの歌劇『セルセ』より有名なラルゴ）、アントン・ルビンシテインの『メロディー』作品三―一の編曲、タルティーニのチェロ協奏曲ニ短調より『アダージョ』を吹き込んだ。さらに一九一五年から一九二四年まで、ニューヨークのコロンビア・スタジオで約四十曲の小品を録音した[11]。彼が最初にヨーロッパで吹き込んだのは一九二六年、ヒズ・マスターズ・ヴォイスと室内楽のレコーディング契約を結んで録音したトリオのレコードである。ソリストとして英HMVのスペイン子会社に録音したのは、さらに数年後の一九二九年六月のことである。バルセロナでいくつかの「アンコール曲」や超絶技巧曲をピアニストのブラス＝ネ[12]と組んで録音した。彼が最も大きな成功を収めたレコードは、一九三七年に録音したドヴォルザークの『チェロ協奏曲』と、一九三六年、一九三八年、一九三九年に録音したヨハン・ゼバスティアン・バッハの『無伴奏チェロ組曲』である。

さて、コルトー、ティボー、カザルスは、審美眼の持ち主フレッド・ガイズバーグの後押しを受けてイギリスに参集し、わずかながらも共通のディスコグラフィーを築いた。実に四回の録音セッションが電気録音時代の最初期に行われたにすぎない。

トリオは一九二六年七月五日と六日、ロンドンのキングスウェイ・ホール[13]に缶詰めになって、フランツ・シューベルトの『ピアノ三重奏曲第一番』を録音した。この記念すべき時のために、グラモフォン・カンパニーのスター・エンジニアであるアーサー・クラーク、ロバート・ベケット、ダグラス・ラーター[14]が顔をそろえた。約二十テイク録音した中から原盤の製作、次いで七十八回転盤（SP盤）のプレスに必要な八テイクが、無論アーティストの同意を得た上で採用された。[15]三人の音楽家は余勢を駆って、ヴェンツェル・ミュラーの歌劇『プラハの姉妹』のリート『私は仕立て屋カカドゥ』によるベートーヴェンの『変奏曲』作品一二一aの録音に臨んだ。一九二六年七月六日に録った九テイク[16]は、本人たちが満足するに至らず、お蔵入りになった。しかし後年、EMIクラシックスの制作責任者はそのあまりに見事な演奏に、トリオのメンバーが却下した音源を磁気テープに起こし、一九八〇年にLP盤でリリースした。[17]この同じ録音セッションで三人の仲間たちが、メンデルスゾーンの『ピアノ三重奏曲ハ短調』作品六六を一面[18]と、ベートーヴェンの『ピアノ三重奏曲』作品七〇–一（通称『幽霊』）第一楽章を二面[19]吹き込んでいたことには驚かされる。おそらく試験的な録音だったのだろうが、その痕跡はいまだに見つかっていない。[20]

コルトー、ティボー、カザルスは翌一九二七年、フェリックス・メンデルスゾーンの『ピアノ三重奏曲第一番』作品四九を六月二十日と二十一日の二日間で録音するため、再びロンドンに参集した。それまで演奏回数を重ね、観衆の心をつかんできた作品である。ここでもまた彼らの仕事の迅速さが、レパートリーの「研鑽」ぶりを雄弁に物語っている。というのも演奏時間二十九分ほどの楽曲を両面レコード四枚に入れるのに、たった八テイクで事足りたからだ。[21]六月二十一日のセッションを利用して、パブロ・カザルスとアルフレッド・コルトーはモーツァルトの『魔笛』第一幕のパミーナとパパゲーノの二重唱『恋を知る男たちは』の主題によるベートーヴェン作曲『七つの変奏曲』WoO四六[22]を録音した。前日の六月二十日には、これも彼らのお気に入りの作品であるハイドンの『ピアノ三重奏曲第三九番ト長調[23]』を、終楽章『ハンガリー風ロンド』を含めて録音した。

三人の音楽家は一九二八年秋、キングスウェイ・ホールに戻ると、ベートーヴェンの『ピアノ三重奏曲第七番』作品九七（『大公』）の録音に取りかかった。ところが一九二八年十一月十四日の八テイクは未発表のままとなる。[24]設備上の理由なのか、はたまた音響上の理由なのか？　彼らはキングスウェイ・ホールに見切りをつけて、ウェストミンスター地区のポートランド・プレイスとリージェント・ストリートの間のランガム・プレイスにあったクイーンズ・ホールの小ホール[25]に移った。おそらく室内楽により適した場所だったのだろう。彼らはそこでロベルト・シューマンの『ピアノ三重奏曲第一番』作品六三に取り組んだ。

十一月十五日と十八日の二日間で吹き込んだ二十六面のうち、最終的に採用されたのは八面だけである。[26]十一月十九日の録音セッションでは、『大公トリオ[27]』（五枚十面）のために三十四面の録音を重ねた。十二月三日の追加セッションで、これら二つのピアノ三重奏曲の最終面を録り直した。まさにマラソンとも言える長丁場だったが、三人のアーティストが当時、ワックス盤に直接カッティングする方式で録音していたことを改めて指摘すべきだろう。磁気テープに録音し、編集できるようになったのは一九四五年以降のことである。

三人とガイズバーグは一九二九年五月十日と十一日、バルセロナで最後の再会を果たした。アルフレッド・コルトーがパウ・カザルス管弦楽団の指揮者を務め、ティボーとカザルスがソリストを務めて、ヨハネス・ブラームスの『ヴァイオリンとチェロのための二重協奏曲』作品一〇二を録音した（彼らは前日、同じ楽曲を演奏会で披露した）。この銘記すべき演奏が、トリオの名声を高めるとともに、世界中で室内楽の普及を促進することになる一連のレコードの最後となった。コルトーとティボーはその後も協演を続け、ベートーヴェンのヴァイオリン・ソナタ『クロイツェル』やセザール・フランクの『ヴァイオリン・ソナタ』再録版、ドビュッシーやフォーレの『ヴァイオリン・ソナタ』など、重要なレコードを世に送り出した。他方、パブロ・カザルスは一九三〇年代、ドヴォルザークやエルガーの『チェロ協奏曲』をはじめ、ソリストとして最初の本格的なレコードを録音した。

大半のトリオのレコードがＬＰレコード時代初期の一九五〇年代半ば、三十三回転三十センチのビニール盤で「復刻」された。当時ミラノに駐在していたＥＭＩのアーティスティックディレクター、ジャック・ライザーの発案で、過去（当時は近い過去）の名録音がパテ＝マルコーニの名盤復刻シリーズ「レ・グラヴュール・ジリュストル」でリリースされた。グレーの厚紙ジャケットには、取り出しやすいように木製の丸棒付きの白い内袋で保護されたレコードがリーフレットとともに入っていた。当初はラ・ヴォワ・ド・ソン・メートル（仏ＨＭＶ）レーベル（レコード番号の頭はＣＯＬＨ）で出たが、一九七八年に始まったパテ＝マルコーニの「レフェランス」シリーズでは、シンプルな紙ジャケットのＬＰレコードで再発され、一九八六年には同じシリーズからコンパクトディスク（ＣＤ）仕様で再発売された。トリオの録音は二〇一二年、アルフレッド・コルトーの全録音とともに、ピアニストの没後五十年を記念して、オリジナル音源がデジタルリマスター化されて発売された[28]。

「グラヴュール・ジリュストル」の時代は、パテ・スタジオの熟練技術者がＳＰレコードの音源を、その色合いを損ねることなく磁気テープに収録し、同じ楽曲や楽章の各盤面をつなげる気の遠くなるような編集作業を行い、まさに音響的偉業を成し遂げた。彼らのおかげで、第二次世界大戦前にトリオを絶賛していた音楽愛好家は、ようやく英雄と再会を果たすことができた。

ティボーが一九五三年に事故死し、カザルスがプラド、次いでプエルトリコに亡命したため、グラモフォン・カンパニーのフランス子会社とつながりがあったアルフレッド・コルトーが、トリオのレコードの行く末を案じ、そのＬＰ化に腐心した。彼はノルベール・ガムソンに宛てた一九五六年八月十日付の書簡で、こう切り出している。

> ティボー、カザルスとのハイドン、シューベルト、メンデルスゾーン、シューマン、ベートーヴェンの三重奏曲のレコードのＬＰ「復刻」案件について、貴方と検討させていただきたい。これらの両面レコードの売り上げは、レコード産業最大の成功事例の一つだった。この新しい形状でも、

原初の作品をもはや市場で入手できない聴衆から、おそらく同様の歓迎を受けるだろう……(29)

事が思うようにはかどらないため、コルトーはトリオのレコードの中でも特にブラームスの『二重協奏曲』のLP化再発を促す書簡を、今度はパテのピエール・ブルジョワ社長宛てに送った。

親愛なる社長そして友、

私の指揮でティボーとカザルスがバルセロナで演奏したブラームスの二重協奏曲の「復刻」に関する案件を再び持ち出すことをお許し願いたい。いずれも均質性の点で及ばないであろう合奏団によって、数年前から市場に出されたこの名曲の録音件数にもかかわらず、カザルスから見ても、私から見ても、我々トリオのレコードの中で最高傑作の一つ……。この案件に関する私の諦めの悪さをお許し願いたいが、これはカザルスの願望に沿うとともに、我々の大切なティボーからも歓迎されたに違いないものと確信するところである。わざわざ音響技術者がこのためにバルセロナに派遣された……(30)

いささか直訴状めいた書簡だが、三人のアーティストがこの二重協奏曲の録音に示したこだわりをよく表している。二十世紀の最も高名な二人の弦楽奏者が協演した録音であると同時に、おそらくコルトーの指揮者としての地位を揺るぎないものにした録音だったからかもしれない。そして何よりもトリオのメンバー間のまれに見る芸術的な相互浸透を示している。

私は最近、トリオの演奏会で、どう考えても確かに、拍手喝采が音楽の恍惚感から普段の生活に戻る、悲しくも残忍な合図であるという印象を受けた。私はコルトーが立ち上がり、すらりとした姿で礼儀正しくお辞儀をするのを見ていた。蒼白で優美な表情のジャック・ティボーは会釈しながら、すでに舞台から下がりかける動きを見せた。パブロ・カザルスはと言えば、何も言うべきことはなく、まさにいつも通り、チェロに語り終えて、我に返り、自分が世界のどこにいるのかさえ分からない様子だった。鳴り止んだ音楽は、ある世界から別の世界への移行を象徴する舞台の高みよりもさらに、この三人の若者をわれわれから隔てていた。務めを果たした彼らにとって、足元に押し寄せる人波の熱狂的な騒ぎや、永の別れを惜しむかのごとく送られる割れんばかりの拍手は、どのような意味を持ち得ただろうか？　というのも消え去った高貴な音の風がなければ、この人波もじっと動かず無反応のままだったからだ。観客が彼らを呼び戻し、また呼び戻すのは、彼らが我々に囲まれて生きていること、彼らが我々の友人の一員であること、我々の熱狂的な野蛮人の音楽を無理やり聞かせながら、我々のすべての権利を彼らから取り戻していることを認めさせるためだということが、私にははっきりと分かった。しかし実際には、彼らは演奏していたとき、まったくの孤独だったのである。(31)

この作家カミーユ・モークレールの感想には、トリオ演奏会における三人のアーティストの立ち居振る舞いがかなり忠実に再現されている上、各自のスタイルの特徴も書き留められている。カザルスはコルトーとティボーについて、「最上級のアーティストだった」と語った。さらに次のように付け加えた。

ティボーはヴァイオリンをたぐいまれな優雅さで弾いたが、多くの面でコルトーと正反対だった。彼は稽古が大嫌いで、めったに練習しなかった。あえて言うならば、責任感がなかった。しばしば子どものように、やんちゃ坊主のように振る舞った。底抜けに陽気で機知に富んでいた。我々の演奏旅行の盛り上げ役だった。悪ふざけが大好きで、この特異な分野で想像力を大いに発揮した。(32)

彼はコルトーについても、こう明確に述べている。

コルトーは紛れもなく現代で最も偉大なピアニストの一人だった。驚異的な力の持ち主で、その勢いたるや限界を知らなかった……。鉄の規律を守る疲れ知らずの働き者で、音楽家としても碩学としても努力を惜しまなかった。というのも彼は大変な野心家だったからだ。(33)

『ル・モンド』紙で四十年近く健筆を振るった音楽評論家ジャック・ロンシャンは、その鋭く明晰な批評眼で、この魅惑的なトリオを的確に解説した。

一九八四年十一月十日

コルトー＝ティボー＝カザルス・トリオは演奏会でこそ、ベートーヴェンの『大公トリオ』を二十二回しか演奏しなかったが[34]、一九二七～二八年に録音した音源は、その後も再三にわたって復刻再発され、家庭では何千回も演奏された！　レコードの奇跡である。ベートーヴェン、シューベルト、メンデルスゾーンのピアノ三重奏曲は作曲家から「盗まれた」と言っても過言ではない。まったく異なる気質の三人の傑物は、それほどまでにこれらの楽曲を体現した。思想家、空想家、情熱家のアルフレッド・コルトー。きらきらとした屈託のない社交家で、魅力的なアーティストのジャック・ティボー。硬骨の士、哲人、自然の人、パブロ・カザルス。

彼らは長年共に過ごし、冗談を言い、テニスに興じ、各自の公演が終わるとすぐに再会し、それは彼らが新しい一体感を、一種の「三位一体」とも言うべきものを生み出したという喜びのためだけに、何時間も音楽を演奏した。そこでは三人の感性と知性は打ち消し合うことはなく、それどころか調和し、さらに強まった。

この友情に満ちた雰囲気を、長い年月を経た今も、当時のままに感じられることほど感動的なものはない。あうんの呼吸、バランス、掛け合いの楽しさ、弾き手から弾き手へと移るフレーズ、お互いの魂と響きを融合させ、類似した音色と共通のインスピレーションを見つけようと腐心しながら委ね合うフレーズの沸き立つような動きに、それがにじみ出ている。[35]

トリオ演奏会のポスター
1923年６月27日（水）と29日（金)、パリ・シャンゼリゼ劇場で開催

第八章　報道を通して見たトリオ

批評概観

コルトー＝ティボー＝カザルス・トリオが初めて公開演奏を行ったとき、三人のアーティストはすでに音楽家として頂点を極めていた。三十歳間近のアルフレッド・コルトーはピアニスト、指揮者として名声を得ていた上、やがてパリ音楽院の教授としても名を馳せることになる。若干年下のジャック・ティボーも成功を積み重ねていた。一九〇三年十一月から一九〇四年一月にかけて行われたアメリカ巡回公演の成功は、フランスでもたちまち反響を呼んだ。実際、音楽評論家アルチュール・ダンドロは一九〇四年十一月にパリで行われた演奏会で「名ヴァイオリニストがこれほどまでに魅惑的に、外連味なく見えたことはなかった……」[(1)]と書いている。一八七六年生まれのパブロ・カザルスは一八九九年にパリでデビューし、シャルル・ラムルーの指揮でエドゥアール・ラロ作曲の『チェロ協奏曲』を見事に演奏して脚光を浴びた。仲間二人と合流する前に、レイモンド・ダンカン(2)が企画した長期の北米巡回公演を、コルトーの友人である伴奏家レオン・モロー(3)、声楽家エマ・ネヴァダと敢行した。一躍有名になる「コルトー＝ティボー＝カザルス・トリオ」の結成前に、彼もまた確固とした名声を築いていた。

トリオが初登場すると、三重奏団のまとまりや観客の熱烈な歓迎ぶりを有無を言わさぬ調子で強調した批評記事が紙面に続々と掲載された。三人の音楽家に寄せられた賛辞には、外交辞令が疑われる節はなかった。というのも『ル・フィガロ』紙、『ル・タン』紙、『ジル・ブラス』紙、『ル・クーリエ・ミュジカル』誌、『ル・メネストレル』誌の間で、さまざまな意見がまったく自由に表明されていたからである。大半の評論家が三人の「共同芸術」を称賛する一方で、『ル・タン』紙に掲載されたピエール・ラロによる以下の論評をはじめ、手放しの称賛から一歩引いた意見も散見された。

アルフレッド・コルトー、ジャック・ティボー、パブロ・カザルスの三氏は、新しいフィラルモニック協会で、ベートーヴェンのピアノ三重奏曲全曲を三夜にわたって連続演奏するという素晴らしい考えを思いついた。この三人の著名なアーティストが集まれば、完璧な演奏を期待できるはずだった。しかし完全にそうはならなかった。なるほどコルトー氏は高い知性と風格、躍動感をもってピアノ・パートを弾いたし、ティボー氏はこの上ない魅力と優雅さでヴァイオリン・パートを演奏したし、恐らくカザルス氏も普段のように、ゆったりとした音で熱のこもった演奏をするチェリストだった。しかし結局のところ、彼らの間に精神的な一体感はなく、名手を寄せ集めても室内合奏団にはならないことをはっきりと実感できた。(4)

他方、『ムジカ』誌のコラムニストはこのベートーヴェン・ピアノ三重奏曲全曲演奏会を絶賛した。「比類のないコルトー＝ティボー＝カザルス・トリオは昇天を成し遂げた。彼らの芸術の融合は、山の上に成就するメシア預言の崇高美だった(5)」

『ムジカ』誌に掲載された絶賛記事が、三回にわたるベートーヴェンのピアノ三重奏曲演奏会が受けた熱狂的な反応を反映と考えるならば、ラロの厳しい評価には練習不足の露呈が見て取れる。三人のアーティストはそれぞれの活動に追われて、リハーサル不足の状態に陥っていたに違いない。実際、我々はコルトーの仕事手帳を通して、彼が一九〇七年の最後の二カ月間、ヴァイオリニストのジュール・ブーシュリのパートナーとして国内公演に掛かりきりになっていたことを知っている。そもそも彼は手帳に「演奏会、講義、レッスンで年がら年中忙しい」と書き記していた。(6) ジャック・ティボーはと言えば、一九〇七年十月、ドイツに演奏旅行に出かけていた。ライプツィヒではゲヴァントハウス管弦楽団と共演し、カザルスの強い要望を受けて、ハンガリーの作曲家エマヌエル・モールの『ヴァイオリン協奏曲』を演奏した。三人の音楽家は前年夏のある期間、この作曲家の『三重協奏曲』の練習に大変な労力を費やした。作曲家で思慮に富む評論家のシャルル・ケクランは、一九〇八年三月にローザンヌで行われたこの「トリオのための協奏曲」の演奏について触れながら、彼らの名声の理由を説明した。

パブロ・カザルス氏の天才的な技量と感動を与える無類の力量はここでもよく知られていた。ジャック・ティボー氏の最大の美点であるこの優雅さの極みもよく知られていた。アルフレッド・コルトー氏が今日、フランス屈指のピアニストであることを知らない人はなかった。予想だにしなかったことは、彼らのアンサンブルの質の高さだった。この三人のアーティストはトリオで演奏するためだけに集まっているわけではなかった。彼らは努めて互いに譲り合い、室内楽の必要事項に従った。その結果、彼らは最も緻密で、想像し得る最も完璧な合奏団だった。一つの旋律が例えばチェロからヴァイオリンへと移るのを、片方の楽器を離れてもう片方の楽器に移る瞬間を意識することなく聞けることは実に素晴らしいことだ。音の純度、完璧で常に変わらぬ音程の精度、非の打ちどころのない音色の均質性、表現の深みと的確さ、このトリオのそうした本質的な美点が、演奏する作品に説得力を与え、会場全体に一種の調和をもたらし、音楽鑑賞を何か唯一無二の限りなく素晴らしいものにするのである。(7)

演奏会が増えるにつれて、トリオの「慣らし運転」も自然と終わり、「三銃士」に対する新聞の態度もいささか変わった。ベートーヴェンがシューマンを抑えて、評価の高い作曲家の首位を維持していた。フェリクス・ル・ノルシは、トリオを大のお気に入りとして伝えた。「チェロの青銅の音、ヴァイオリンの黄金の音色、ピアノの水晶の音がメンデルスゾーンを本来よりも美しく奏で、ベートーヴェンの苦悩に満ちた魂を歌い上げた」(8)。他方、「楽壇の御三家」がヨハネス・ブラームスの『二重協奏曲』に続いて、ベートーヴェンの『三重協奏曲』作品五六を演奏したときは、演奏会を報じる記事にある種のドイツ嫌いが透けて見えた。例えば『ジル・ブラス』紙の批評家は以下のように書いた。

昨日、コロンヌ氏のところで、あり余るほどの協奏曲があった。一つはジャック・ティボー、パブロ・カザルス両氏によるブラームスのヴァイオリンとチェロのための協奏曲、もう一つは上記二名のアーティストに、アルフレッド・コルトー氏が加わって演奏されたベートーヴェンの協奏曲である。二つの似たような作品を立て続けに聴くことで、ブラームスをベートーヴェンやバッハと同列に置き、交響音楽の三大天才にしようとした人たちの間違いがいかに馬鹿げているかを改めて確認することができた。ブラームスは和声法と対位法を用いて編曲したハンガリーの民衆音楽の旋律のきらめきを借りて輝く二流の星であり、彼自身の想像力に身を任せるや否や途端に陰気で不明瞭になる。主題は重苦しくとりとめもなく、管弦楽は卑俗で雑然とする。まるでどろどろした無味な水だ。ブラームスが、その意味のない表現によって、ベートーヴェンの後継者たり得たことは一度もなかった。彼の準備が実を結ぶことはない。彼は始めそうに思えても、決して始めることはない！　とはいえティボー、カザルス、コルトー各氏のような名手の精緻極まる演奏に敬意を表すべきであることに変わりはない。彼らはプログラムのほぼ全体を協奏曲で埋めながら、協奏曲を敵視するのも無理はない聴衆の中に、あまり暴力的な騒ぎを巻き起こすことがなかったからだ。ブラームスに対する私の見解を裏付けるように、純粋な音楽でできたベートーヴェンの協奏曲は、この手の楽曲に総じて詰め込まれる滑稽な曲芸が一切なく、正当なる好感をもって迎えられたことを認めなければなるまい。(9)

『ル・メネストレル』誌に寄稿したアメデ・ブータレルも手心を加えることはなかった。

なぜブラームスのヴァイオリンとチェロのための二重協奏曲作品一〇二がここで聴衆を圧倒し、二人のアーティストに拍手喝采を送りたい思いと、彼らが演奏した楽曲の作曲家に異を唱えたい思いとの板挟みに陥れる必要があるのだろうか？　ジャック・ティボー、パブロ・カザルス両氏はこの作品において、見事に調和した名人芸と凛とした力強いアンサンブルで並ぶ者がないことを示した。幾人かの演奏家が協演し、彼らがまったく同様に感じ、もはや心を一つにしたと思わせるに至ったとき、そのとき初めて最も深く、最も心に染みる感動をもたらし、彼らの信念は次第に勝り、雄弁となり、抗し難くなる。そのことはアルフレッド・コルトー氏がジャック・ティボー、パブロ・カザルス両氏に加わり、彼らとベートーヴェンのピアノ、ヴァイオリンとチェロのための協奏曲作品五六を演奏したときに特に顕著に見られた。彼にとって極めて難しい役どころだった。ほかの二台の楽器の際立った響きにピアノの輝きがかき消されないようにしつつも、誇示しすぎたり、均衡を崩したり、大げさになったりしないように配慮した。全体的な理解としては、これ以上なく完璧だった。作品それ自体については、楽聖の初期のスタイルに属し、すべてのパートにおいて、見事なまでの美しさである……。演奏家たちが成功を収めたと言うだけでは言い足りない。彼らは会場全体が諸手を挙げて認める大勝利を収めた……。(10)

アメデ・ブータレルはブラームスについてより含みのある視点を示しているが、『ジル・ブラス』紙の批評家のような表面的な認識には陥っていない。彼はベートーヴェンがトリオの音楽家に極上の贈り物をしたという考えを認める一方で、アルフレッド・コルトーが後年、指揮を務めてアーティスト三人で擁護することになるブラームスの協奏曲に対する聴衆の無理解を伝えながら、三者の質の高い連携をより明晰にとらえている。

トリオはパリやフランス内外で約百回の演奏会を重ねるうちに、いくつかの看板となる楽曲が固まり本調子になった。ベートーヴェンやシューマンのピアノ三重奏曲に、やがてメンデルスゾーンの『ピアノ協奏曲第一番』が加わった一方、すっかり自分たちのものとなったシューベルトの『ピアノ三重奏曲第一番』が、ハイドンの『ピアノ三重奏曲第三九番』と並んでプログラムの中心的な作品になった。オーギュスト・マンジョは読者に次のように伝えている。(11)

コルトー＝ティボー＝カザルス・トリオ

これら偉大な三人のアーティストの強力な個性は、各々別々に舞台に立ったとき、すでにその無私無欲な姿勢で際立っている。そうした彼らの熱情が一つとなり、音楽を礼賛することに専心する。シューベルトの『ピアノ三重奏曲変ロ長調』とベートーヴェンの『大公トリオ』の演奏は深く心に響いた。いずれも「トリオ」の名声を築いた感情の純粋さと音の美しさをもって、最も簡素かつ最も崇高な表現方法で演奏された。二つの二重奏曲がプログラムの中央を埋めた。一つはジャック・ティボーでモーツァルトの『ヴァイオリン・ソナタ ハ長調』、もう一つはパブロ・カザルスでベートーヴェンの『変奏曲』、いずれもアルフレッド・コルトーがピアノを務めた。偉大なアーティストである彼らは、これらの作品をサル・ガヴォーよりもはるかに狭い枠の中にとどめ、繊細なパステル画をパンテオンのフレスコ画にしない趣味のよさを見せた。それでもやはり彼らが喝采を浴びたことに変わりはない。なかでも天才的なカザルスと、近代的で素晴らしいプレイエルを往時のピアノのように扱ったコルトーが一際大きな喝采を受けた。(12)

これは三人が一九一九年以降、彼の側についてエコール・ノルマル・ド・ミュジックの創立に協力するほどの同志だったマンジョ（同音楽院理事長に就任）の贔屓目ではなく、『ジル・ブラス』紙のコラムニスト、ジョルジュ・ピオシュが以下に明らかにした同じ演奏会に対する一般的な見方を端的に表すものだった。

アルフレッド・コルトー、ジャック・ティボー、パブロ・カザルスの三氏が一堂に会することは、音楽における類まれなる盛大な儀式であり、我々の感動における豊かな魂である。彼らはまた感性の優れた偉大なアーティストである。彼らは初めから、情熱的な若者の威厳を持ち、たちまち心に働きかける。人はやがて精神が心地よく影響されていることを感じる。それこそが最も簡素で、最も厳粛で、最も深遠かつ最も高度な理解の成果である。最も魅惑的で、最も奇跡的で、最も強烈に「個性的」な名手たちの中で異彩を放つことができるにもかかわらず、最も高貴な意味における代弁者に徹する方を好むとともに、彼らが仕える巨匠の意志と理想に厳格かつ熱狂的に服従することを、まるで宗教のように自らの義務とする達人たちの演奏を鑑賞することは、常に驚嘆すべきであり、模範的なものである。彼らの演奏、彼らの芸術は、揺るぎない信仰である。コルトー＝ティボー＝カザルス・トリオは、私がこれまで聴く機会があった中で、最も叙情的かつ最も完璧なピアニスト、ヴァイオリニスト、チェリストのトリオであると一片の迷いもなく言える。このトリオは最も「若手」ながら、瞬く間に最も威風堂々たる三重奏団となった。トリオはその都度、少しずつ完成度を上げながら続いている。高貴な演奏で願いが叶えられ、心の底から熱狂した聴衆が一昨日、彼らに送ったやんやの喝采は、コルトー、ティボー、カザルス三氏に対し、彼らにふさわしき聴衆が忠実な信奉者であり、増え続ける一方であることを証明した。彼らはシューベルトの『ピアノ三重奏曲変ロ長調』、モーツァルトの『ヴァイオリン・ソナタ・ハ長調』、ベートーヴェンの『チェロとピアノのための変奏曲』とピアノ三重奏曲『大公』を演奏した。(13)

ジョルジュ・ピオシュは自分が聴いた演奏の詳細には触れていない。この素晴らしい夕べの間中、批評精神を失うほどに魅了されっぱなしだったことを明かしながら、感動の大きさを読者に感じさせようと試みるにとどめている。彼のいささか大げさな言い方を通して、ピエール・ラロが書いた記事の頃に比べて、トリオの経験値が飛躍的に上がり、全員の才能が遺憾なく発揮されたことをうかがい知ることができる。

トリオの個性は観客から見ても年を追うごとに洗練されていった。カザルスは厳密な意味での芸術家の鑑と見なされた一方、ティボー独特の雰囲気はその演奏からにじみ出る魅力に基づいていた。抗し難い魅力とはいえ、一部の人にとっては時として軽薄さと紙一重だった。コルトーはピアノを弾きながら決して前面に出ようとすることなく、多くの作品が彼に課したように「室内楽」精神の維持に努めた。『ル・モンド・アルティスト』誌の囲み記事が指摘するように、ピアニストの自己犠牲はやがて指揮者の自己犠牲につながった。

サル・ガヴォーに大挙して詰めかけた観客が、モーツァルトの素晴らしい協奏曲で、えもいわれぬ魅力と技術で魅了したジャック・ティボー氏に喝采を送った。ブラームスのヴァイオリンとチェロのための協奏曲では（むらのある作品だが、第一級の美しさに残りは不問に付す）、ジャック・ティボー氏は素晴らしい名手パブロ・カザルス氏と成功を分かち合った。アルフレッド・コルトー氏は管弦楽団をまれに見る知性と堂々たる威厳をもって指揮した。(14)

世間一般の「ブラームス恐怖症」の疑念がまだ作品につきまとっていたにもかかわらず、三人の音楽家はこのヴァイオリンとチェロのための二重協奏曲作品一〇二の演奏で満場の賛意を集めた。カザルスがピアノを弾き、コルトーがヴァイオリンを、ティボーがチェロを弾くユーモラスな写真が『ミュジカ』(15)誌に掲載されたのもこの頃である。このコミカルなパート交代は、頻繁に集まってはテニスの試合に興じていた若かりし音楽家三人組のいたずら魂がいまだ健在だったことを物語っている。

コルトー、ティボー、カザルスは一九二一年春にトリオの活動を再開し、聴衆との再会を果たした一方、聴衆は三人が特に好んでいたレパートリーと再会した。彼らがベートーヴェン、シューベルト、メンデルスゾーン、シューマン、ブラームスなどドイツ音楽の擁護に献身したことに注目せざるを得ない。第一次世界大戦直後のこの時期にあって、挑発行為だと思われても致し方ない。とはいえドイツ恐怖症が音楽に暗い影を落とすことはなかったようだ。というのもカザルスとコルトーはこの同じ時期に、ベートーヴェンのチェロ・ソナタ全曲演奏会を行ったからである。[16] トリオは一九二一年、新しい作品を取り上げたいという欲求からか、それとも譲歩したのか、モーリス・ラヴェルが一九一四年に作曲し、アルフレード・カゼッラ、ガブリエル・ヴィヨーム、ルイ・フイヤールが翌一五年初めに初演したピアノ三重奏曲を初めて披露した。エミール・ヴュイエルモーズは『ジュルナル・デ・デバ』紙で一九二二年の演奏会を報告し、簡潔ながらも熱のこもった調子で感想をつづった。

モガドール劇場で行われたコルトー゠ティボー゠カザルス・トリオによる二回の昼公演で、この三人の素晴らしいアーティストは大好評を博した。シーズン終盤にもかかわらず、美しい会場を埋め尽くした聴衆の前で、ベートーヴェン、メンデルスゾーン、シューマンが、えもいわれぬ巧みさで次々と演奏された。[17]

新聞や雑誌がトリオの公演に再び焦点を当て、単なる演奏会の案内ではなく、アーティストの演奏について、ある程度詳細に報じるようになったのは一九二四年のことである。ガブリエル・フォーレの訃報や老巨匠の功績をたたえる追悼記事が掲載されたにもかかわらず、紙面には追悼演奏会を詳報する「記事」はほぼ見当たらない。コルトー゠ティボー゠カザルス・トリオによるフォーレのピアノ三重奏曲の演奏[18]は読者の興味を呼び起こしたに違いないが、『ル・タン』紙も

『ル・フィガロ』紙も報じることはなかった。いささか唐突ながら、一九二六年六月二十九日と七月一日にパリのガルニエ宮（オペラ座）で開催されたトリオの演奏会の後、ラヴェルのピアノ三重奏曲が『ル・クーリエ・ミュジカル』誌に取り上げられた。筆者のフェリクス・ル・ノルシは叙情的になるのをいとわなかった。

彼らの一人ひとりが、その音楽信仰において、彼らが呼び出した作品の魂の一体感の中で溶け合い、混ざり合う術を心得ていた。彼らは三人であり……一人であった。彼らの二回の演奏会に詰めかけた国際的な群衆も、音楽的熱情と止めどない熱狂を示す中で、束の間の一体感を感じた。最も危うい技巧であれ、最も厄介な解釈であれ、完璧であるに違いない演奏を止めたり、乱したりできるものは何一つない、そういう美味な確信を味わえたことは確かである。彼らの共同芸術は偶発的なものが一切なく、絶対的に確実で非の打ち所がないフランス的な審美眼に導かれて展開した……。そしてラヴェル、霊的で優美で詩情あふれるピアノ三重奏曲を生んだラヴェルは、彼の素晴らしい作品のために、その天才にふさわしい演奏に巡り合った。三人のアーティストが巧みになし得た降霊は、優しさと自由気ままさを併せ持つ偉大な天才の中にあるものに入り込んだ者にとって、時として陶酔感や忘れ難いものと言っても過言ではない、えもいわれぬ感動のひとときだった。(19)

ブリュッセルの報道は、一九二六年七月の『レヴァンタイユ』誌に掲載された記事に見られるように、もう少し客観的な立場を取っている。

イザイ演奏会協会はコルトー＝ティボー＝カザルス・トリオによる二回の特別演奏会でシーズンを締めくくった。当代最高の合奏団の一つである著名な楽界三巨頭は、ブリュッセルで演奏を聞かせなくなって久しかった……。会場は巨大だった。なんとモネ劇場とアルハンブラ劇場！　これらの楽曲には恐らく広すぎただろうが、究極の芸術祭に立ち会えるという確信をもって足を運んだ大勢の音楽愛好家や音楽通を収容するには十分ではなかった。

この三人の素晴らしい巨匠がどれほどの完成度、完全かつ親密な融合度、演奏と思想の理想的な均質度に達したかを想像することはできまい。その見事な個性が理解し合い、これほどまで完全に一つになるとは……。[20]

同誌は翌年、トリオを絶賛した。

例えば、カザルスとティボーのユニゾンなどは、いつまでも心に残る奇跡的な美しさ、充足感、音の統一感がある。片方の楽器からもう片方へと受け渡されたり、長く伸ばされたりする音は、滑らかな石の緩やかな坂を流れる澄んだ川の水のごとく自然だ。不調和も破調もない。そしてアンサンブルがほどけて、各楽器がめいめいに歌えるようになると、なんと新鮮な印象だろうか！　カザルスのチェロの雄大な音、ゆったりとした壮麗なフレージング、ティボーの優美さ、弓の軽快さ、ヴァイオリンの魅力や快活さ、ありとあらゆる音色に通じたコルトーの演奏の豊かさ、驚くべき多彩さ、滑らかさや粒立ち。この完璧なアーティストが例えばトリルやペダルから生み出すものは、何か唯一無二のものがある。とりわけベートーヴェンでは、ペダルの踏み込みが効果絶大だった。この作品『ピアノ三重奏曲ニ長調』（第二番作品七〇［記事原文ママ］）――とりわけラルゴで巨匠の最も美しい作品の一つに数えられる――に話が及んだついでに、このラルゴの絶妙で感動的な配置を指摘しようではないか。それは第一楽章のエネルギッシュな性格、そして最終楽章の熱狂と際立った対照をなす、その独特な神秘と内省の雰囲気の中に配置されたのである。ベートーヴェンが素晴らしい出来だったとすれば、不朽の名作であるハイドンの甘美な『ピアノ三重奏曲ト長調』もまた同様で、なかんずくアンダンテと、色彩感あふれる生き生きとしたリズムのハンガリー風ロンドは、三人の演奏家により、まさにジプシーの激情をもって見事に演奏された。プログラムの真ん中に配されたメンデルスゾーンの『ピアノ三重奏曲ニ短調』は、四つの楽章の間で表現の変化が相当あるが、この作曲家の作品によく見られるように、快活さと軽快さで心を奪うスケルツォが一際異彩を放った。(21)

『レヴァンタイユ』誌のコラムニストは、ティボーの演奏の美点、カザルスの堂々たる存在感、コルトーがトリオの均衡にもたらす見事な柔軟性を強調しつつ、三人の音楽家が達した卓越した総合力をまざまざと認識させる。まさにこの円熟の極みにあったとき、著名なトリオの足跡を永久にとどめる録音が行われた。

シューベルトの『ピアノ三重奏曲変ロ長調』の録音は、特別な出来事として歓迎された。レコードの発売に合わせて、コンプトン・マッケンジーが執筆した最初の批評記事が『ザ・グラモフォン』誌に掲載された。

天文学者は望遠鏡で三重星をとらえたとき、天の調和の最たる例を見ていることを認識する。一方、音楽家は一緒に輝く三つの音楽の発光体を見ると、確信をもって大異変を予測する。音楽の星は輝きを除けば、天空との類似点がほぼ皆無だからだ。したがってティボー、コルトー、カザルスのような三つの一等星が室内楽のために、恒星系のすべての秩序と組み合わされるのを見つけると極めて満ち足りた思いがする。私は約一年前に彼らがこのピアノ三重奏を演奏するのを聴いた。それはティボー、コルトー、カザルスのだれか一人にとってではなく、彼ら全員にとって重要なシューベルトで、その結果は私が決して忘れることのない名演だった。これら四枚のレコードで聴いたばかりの演奏は、それと実質的に同じものだった。(22)

次号に掲載されたマッケンジーの社説も同様の称賛論調だった。

カザルスは間違いなく当代最高のチェリストであり、コルトーが当代最高のピアニストだと考える人は大勢いる。さらにティボーをヴァイオリニスト上位六人に入れない人はまずいまい。この三人の偉大なアーティストが個々の成果よりもむしろアンサンブルのために演奏するとき、結果はこのレコードセットで聴く演奏と同じくらいに感動的である。(23)

さらにマッケンジーは数年後、この録音のおかげで楽曲が有名になったと記した。

栄光の『ピアノ三重奏曲変ロ長調』が蓄音機で人気を博したのも、ヒズ・マスターズ・ヴォイスとカザルス、ティボー、コルトーとによる優秀な録音のおかげである。『コルトー、ティボー、カザルスが演奏したピアノ三重奏曲をください』、そう大抵の人が販売業者に注文した。(24)

グラモフォン・カンパニーのクラシック部門初代アーティスティックディレクターで、トリオのHMV録音のプロデューサーだったフレッド・ガイズバーグは『グラモフォン』誌の記事の中で、これらの録音が録音音楽の歴史においても、アーティストの収益にとっても、重要なステップになったことを改めて指摘した。

カザルスは同世代の二人の友人、アルフレッド・コルトーとジャック・ティボーと組んで、ベートーヴェンの『大公』とシューベルトの『ピアノ三重奏曲変ロ長調』を含む一連の素晴らしいピアノ三重奏曲を録音した。それらは大流行し、長年にわたって相当の配当がアーティストに支払われた。(25)

フランスでは、ベートーヴェン『ピアノ三重奏曲』作品九七の五枚組SPレコードの発売は、これほどの規模の室内楽作品を初めて全曲通して聴けるという意味で一大事だった。『ル・メネストレル』誌も批評を惜しむことはなかった。とはいえポール・ランドルミがこのレコードに関する長文記事を同誌に寄稿したとき、ようやく各楽章の綿密な分析に基づいて深く掘り下げた論理的な解説を目にすることになった。

無論、これらの偉大なアーティストの演奏を聴くと、あまりに魅了されて異論という異論が霧消してしまう。しかし後になって距離を置くと、私の物事の考え方はそれほど間違っていないと思う。問題は詳細に検討され、議論されるだけの価値がある。そもそも華麗なる名手と熱烈な聴衆との間にそれほど大きな齟齬はない……。(26)

実際に、ランドルミはトリオがアンダンテで採用した比較的遅めのテンポに異議を唱えつつも、それぞれの役割におけるアーティスト個々の演奏に感嘆の念を禁じ得ず、最初のアレグロがもたらす「静かな幸福感、心安らぐ穏やかな満足感」や、「ジプシー風」に演奏された終楽章の特徴である「最も熱烈で、最も力強い幻想性」を称賛した。
録音を報じた『グラモフォン』誌は、「コレクション」の価格に遺憾の意を示す一方、コルトーの演奏にいくつかの非難を浴びせた（同誌に掲載されたソロ録音の批評にも同様の非難が見られる）。

コルトーは演壇上で失望させるときがある。彼が音色を生成する方法はいささか危うい。本調子のときは、知的洞察と鋭敏な共感力で、度を越すことなく、我々の感動を引き起こすことができる。(27)

トリオのレコードの商業的成功が陰りを見せることは決してなかった。というのも一九三〇年代以降、どのような媒体（SPレコード、LPレコード、カセットテープ、CDなど）で販売されたにせよ、レコード店の棚から消えることがなかったからである。その将来は、デジタル配信になっても、音楽愛好家や室内楽奏者から、演奏解釈に関する疑問を解く鍵を見つけることができると、いまだに大変重宝される歴史的録音の現代的意義を失うことはない。とはいえ、これらのレコードの歴史性は絶対的基準を意味するものではない。昨日なされたことが、必ずしも今日なされるものよりもいいとは限らない。しかしコルトー＝ティボー＝カザルス・トリオの豊かさと力強さは、まさに演奏会と録音の間の演奏解釈の一貫性にある。批評を読み、レコードを聴くと、三人のアーティストの音楽的アプローチは常に自発的であり、全員で事前に集中的に行った練習の成果が如実に表れている。

レコードの先駆者であるアルフレッド・コルトー、ジャック・ティボー、パブロ・カザルスは、蓄音機を介した音楽のある種の「機械化」という考えに対し、おそらく次のように自問したに違いない。「録音はわれわれの価値を失わせるだろうか、それとも倍増させるだろうか?」

彼らがこれ以上ない最高の選択をしたのはもちろん、とりわけこの新しいメディアの役割と、それを巧みに操る方法を見事に先取りしたことは、彼らのレコードの異例の成功が証明している。レコードは彼らにとって音楽への情熱を伝える手段であるとともに、その活躍と実績に見合った収入改善の手段でもあった。後年、三人に引けを取らない卓越したアーティストによる録音との競争にさらされても、たちどころに深遠な世界に引き込む彼らの演奏は際立っていた。それは個々の非凡な才能のなせる業であり、それが時間や別離を越えて存続したのである。

Pablo CASALS
Alf. CORTOT
Jacques THIBAUD
fêteront le Centenaire de Brahms (1833-1933)
les 9, 10 et 11 Mai à la Salle Pleyel

ブラームス生誕100周年記念演奏会の告知
(左から) カザルス、コルトー、ティボー。パリのサル・プレイエルで開催。エドモンド・ジョワイエ撮影

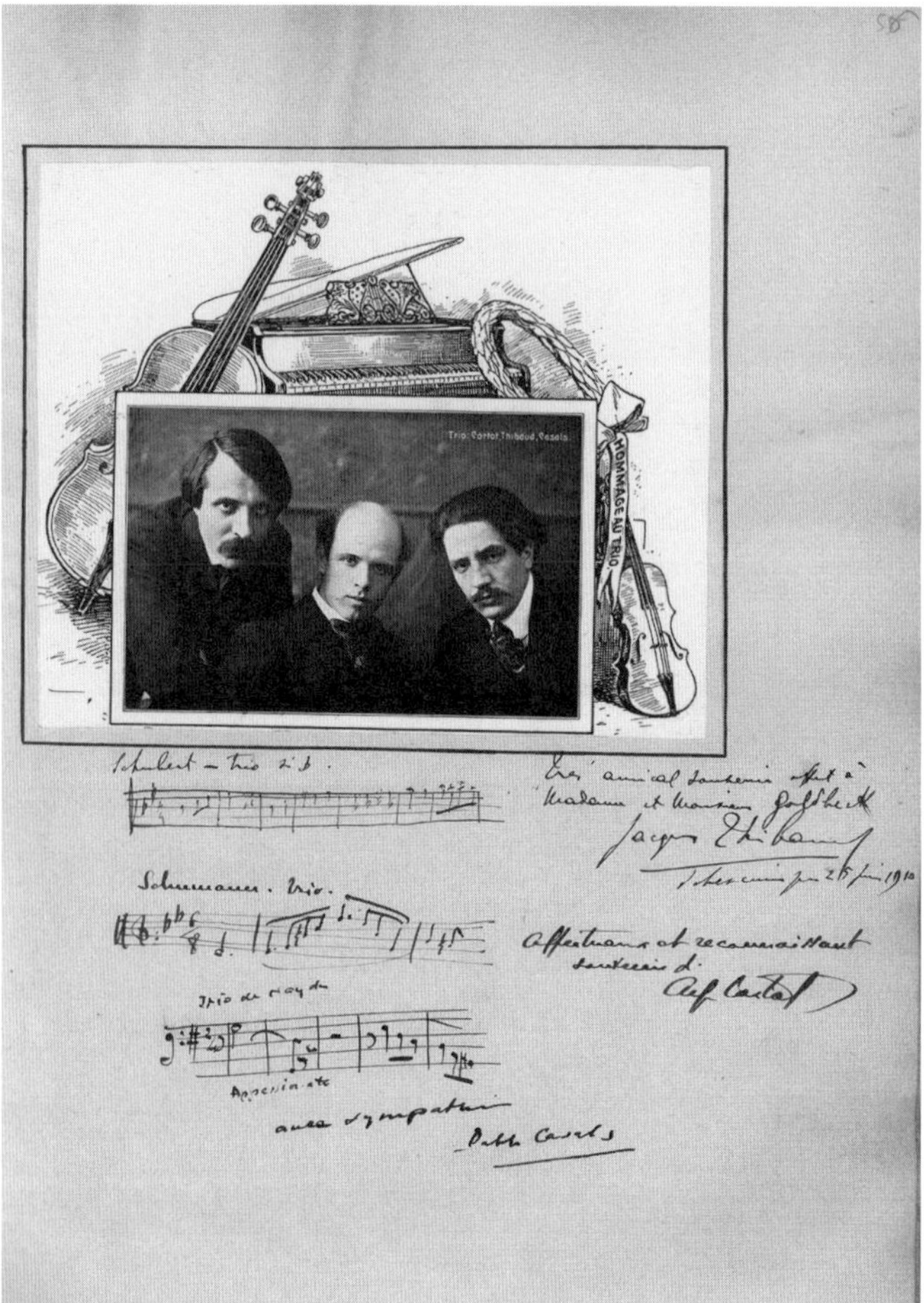

（上から）ティボー、コルトー、カザルスによる直筆の楽譜とサインが添えられた写真と素描のコラージュ／ジョワイエ撮影
© Collection Frédéric Goldbeck, fonds Goldbeck / Lefébure, Médiathèque Musicale Mahler / Photo Joaillier.

第九章　トリオ後のコルトー、ティボー、カザルス

別離、不和、和解

芸術的感性と同様に利害も共有し、契約よりも友情の上に成り立っていたトリオは、正式に結成された合奏団ではなかった。したがって正式な解散もしていない。活動停止は突然の決断でも、意識的な決断でもなく、むしろ徐々に停滞した結果だった。一九三四年三月にフィレンツェで公演を行ったときも、コルトー、ティボー、カザルスがトリオ最後の演奏会になることを認識していた可能性は限りなく低い。確かに残りのシーズンも、次のシーズンも、ほかの演奏会は一つも予定されていなかったが、三人による演奏活動が比較的長い期間、休眠状態に入ることは以前にもあった。一九一三年から一九二一年までの期間はもとより、一九二七年七月から一九二八年十一月までの間もそうだった。その上、一九二八年秋の大規模なイギリス巡回公演を除けば、演奏会が一シーズンに十回以上開かれることは一度もなかった。公演は短期間で回数も少なく、とり

わけパリ、ロンドン、ブリュッセルのような首都で行われることが多かった。彼らは一九三四年三月以降、演奏活動を休止したが、だれもそのことに本当に気づくことすらなかった。その他の活動に忙殺されていた当の本人たちも、三人が顔をそろえることの珍しさに慣れきっていた音楽評論家たちも同様だった。一九三四年の新聞紙面を探してみたが、トリオの分裂を嘆く記事はどこにも見当たらなかった。それゆえに断絶よりも、なぜこの新たな活動休止がそれまでとは違い、最終的なものになったのかを説明することが肝要である。トリオは実際には三つの局面を経て終焉を迎える。一九三〇年代に芸術的、私的、政治的理由が重なって演奏活動の長期休止を招いた。さらに三人の音楽家の関係は第二次世界大戦中、この悲惨な時期に各人が行った相反する選択によって一段と悪化した。そしてジャック・ティボーが一九五三年に不慮の死を遂げ、再会の希望はついえた。和解は最晩年に三人ではなく、二人の間で行われた。

長期活動休止の理由（一九三四〜三九年）

三人の音楽家はいずれも、トリオが一九三四年に演奏活動を停止した理由について明確な説明をしていない。特にコルトーとカザルスの回想録は、一緒に演奏する喜びやあうんの呼吸について触れているが、軋轢には触れていない。とはいえ、その中で暗示された若干の事柄や、文通に残された痕跡、第三者の証言などから読み取れるいくつかの動機を通して、なぜ冒険があの時点で終わったのかを理解することができる。

第一の理由は芸術的なものである。トリオは三人の音楽家にとって友情と音楽の両面で常に決定的であるとともに、彼ら一人ひとりの名声を形づくる上で極めて重要な要素だったが、一九一〇年以降、各自の演奏活動に占める比重が小さくなった。すでに見てきたように、トリオの公演の希少性は高まるばかりだった。一九二九年は一回のみ、一九三〇年は二回、一九三一年は九回（スイスで最後の本格的な巡回公演が行われた年）、一九三二年は五回、一九三三年は三回、一九三四年は二回である。こうした公演回数の激減は、すでに触れた問題の表れである。すなわち各自のスケジュールが過密だったこと、レパートリーが代わり映えしなかったこと、トリオがその栄光の中でいささか偶像化されたこと、そして恐らく以前より喜びも自発的ではなくなったことが挙げられる。カザルスが一九三三年、新録音の展望に興味がないことを知らせてきたのも、そうした倦怠感を覚えてのことだったのだろう。(1) いずれにせよ、彼だけが距離を置いていたわけではない。例えばティボーとコルトーのデュオは一九三四〜三五年と一九三五〜三六年の二シーズン、一度も演奏会を開かなかった。

エゴの衝突は長年にわたって音楽面に豊かな実りをもたらしたが、一九三〇年代初め以降は緊張の高まりにもつながり、友情が初めて脅かされたように思われる。例えばフレッド・ガイズバーグによれば、カザルスはトリオの新作レコードの制作を打診された際に、「室内楽奏者のレッテルが貼られて、名ソリストの地位が傷つけられる(2)」と主張して断った。すでに世界的に有名な音楽家だっただけに牽強付会とも思えるが、実際に翌年以降、彼は室内楽よりもチェロ協奏曲の名作を録音するようになった。ティボーとコルトーの間にもいささかいが生じた。例えばコルトーがフランクの『ヴァイオリン・ソナタ』の「解説付きリサイタル」を開くことを希望したとき、ティボーは「分析されすぎた音楽は好かないし、他人が思いついて、解釈したテーマの手本役になるのも好かない。それがたとえコルトーでもだ」と書いた手紙を演奏会の主催者に送った。コルトーはコルトーで「偏屈ティボーがまた始まった」とため息をついた。[3] 一九三一年五月三十日にジュネーヴで開かれた演奏会の夜、コルトーがルネ・シェーヌと出会ったことも、関係の冷え込みに拍車をかけたのかもしれない。演奏仲間の一人の恋愛が、初めてトリオの活動に入り込んだ。というのもコルトーが二十六歳年下のこの若い女性をスイス公演に随行させるよう懇願したからだ。やがて彼は新しい伴侶と暮らすため、一九〇三年に結婚した妻クロチルドと離婚する。それに起因する家庭内の感情的対立の中で、ティボーとカザルスが三十年以上の友人である見捨てられた妻の味方についたこともあり得る。

とはいえフレッド・ガイズバーグは一九四三年、なぜ三人のアーティストを再びスタジオに集めるに至らなかったのかを自問しつつ、「今日、よく考えてみると、彼らが政治に対して同じ見解ではなかったことが本当の理由だと思う」と書いている。[4] とりわけカザルスの新しい取り組みをはじめ、政治は確かに重要な役割を演じた。一九三一年のスペインの共和政宣言は、カザルスにとって「(自分の) 一番大切な夢の成就(5)」にほかならなかった。現に同年四月、新政体の誕生を祝うため、バルセロナでベートーヴェンの『交響曲第九番』を指揮している。彼は共和派の指導者たちに対し、なかんずく一九三二年にジャナラリタット (自治政府) を発足させたカタルーニャ・ナショナリズムの指導者たちに深い尊敬の念を抱いた。カザルスは政治家にこそならなかったが、公人になった。スペイン王立学士院会員に選出され、カタルーニャ州政府メダルを授与されたほか、バルセロナの通りには彼の名前が付けられた。文化問題を担当する政府機関に所属することも引き受けた。これらの政治的な出来事に「深い感銘を受け」、新しい責務に熱心に取り組むあまり、スペインに滞在する方が長くなり、国際的キャリアはおろそかになった部分があった。結果的にトリオに割く時間も一段と減った。

こうした取り組みによって、鋭い政治意識や道徳意識がかき立てられた彼は、特にヒトラーの独裁体制をはじめ、ヨーロッパにおける多くの独裁体制の台頭に対して立ち上がった。彼は一九三三年、ドイツで演奏することを断固拒否し、コルトーとティボーにも同じ道を歩ませようとした。とりわけフルトヴェングラーが一九三三〜三四年のシーズンにベルリンで演奏するようトリオを招待したとき、二人は逡巡したが、ティボーはカザルスの意見に同調した。コルトーははるかに煮え切らない態度だった。とはいえピアニストの後年の (ドイツによるフランス占領期における) 活動について知られている事柄だけで早合点してはならない。というのも一九三〇年代初め、彼の態度にはファシズムに対する共感を示すようなものは一切なかったからである。彼は一九三三年夏、「ドイツで演奏を聞かせることと、演奏依頼の承諾がドイツ政府によって講じられた一部の音楽同業者（つまりユダヤ人音楽家）に対する措置の黙認を暗に示しかねないこととの間に関係性を持たせる考えは一瞬たりともよぎらなかった」と述べている。その一方で、カザルスを含む一部の友人がこの件について彼に警告したとも述べた。それゆえに、おそらく特にベートーヴェンとワーグナーの国で「契約を履行しないことは（彼にとって）誠に不本意ではあるが[6]」、「ユダヤ系芸術家に関するドイツの政策」を勘案し、公演を取りやめることにした。しかしコルトーは翌年、立場を百八十度変えた。フランス芸術活動協会（ＡＦＡＡ）が芸術交流を政治問題と切り離すことを確約した一方、フルトヴェングラーが「芸術家は芸術王国を救うだけでなく、その永遠かつ中立的な価値をすべての束の間の事象から守るべきだ[7]」と主張し、重ねて彼を招待したからである。この立場はカザルスのそれとは正反対だったが、コルトーは賛同した。一九三四年十一月十一日（第一次世界大戦休戦記念日！）にベルリンで演奏会を開き、ゲッベルスが欠席した「ヒトラーの陳謝[8]」を伝えた。コルトーは翌年以降も定期的にドイツを訪れた。かくして彼がある種の政治的無知とドイツ贔屓に加え、フランス音楽大使になりたいという野心に駆られて態度を豹変させたことで、カザルスとの友情に亀裂が入った。この亀裂は第二次世界大戦中に大きく広がり、ふさがることはなかった。

とはいえ、この政治問題がトリオの分裂に占める比重をあまり過大視すべきではない。一つには、最後の二回の演奏会がファシズム体制下のイタリアで開かれたことから、カザルスの姿勢がまだ後年ほどかたくなではなかったことがうかがえるからである。それにこうした対立が三人の関係に終止符を打つこともなかったからだ。例えばコルトーは一九三五年まで、バルセロナを訪れて（時にはカザルスの指揮で）演奏している。二人は同年四月二十七日、政治的対立にもかかわらず、友人同士の昼食会で同席した。同様にティボーとコルトーのデュオも一九三六年、両者が別々に実施していたソ連公演中に復活した。モスクワで開かれたティボーの演奏会を聞きにきていたコルトーは、彼を見つけた聴衆の求めに応じて舞台に上がり、友人と演奏することになった。この再会の喜びは二人が翌シーズンから合同公演を再開するきっかけとなった。ティボーとカザルスの友情も、一九三九年に書かれた後者の手紙が示すように厚いままだった。

親愛なるジャコー、

ご婦人が新聞の切り抜きをくれて、君がパリでデビュー四十周年を祝ったのを知ったよ。激しい不安と胸が張り裂けそうな思いの中で、この切り抜きは僕らの友情や青春、僕らを結びつけるすべてのことを思い起こさせてくれるよ。(9)

その一方で、決定的な転換点が一九三六年に訪れていた。カザルスに「激しい不安と胸が張り裂けそうな思い」を与えたスペイン内戦の勃発である。彼は共和政の擁護に全力を傾け、資金集めや被害者の救済、ヨーロッパの世論喚起のために精力的に演奏会を重ねた。バルセロナにフランコ軍が迫る中、彼は最後の演奏会を開くためにとどまり、ラジオからスペインの民主主義を救うよう世界に訴える感動的なメッセージを発した（一九三八年十月十九日）。フランコ派の脅威が身近に迫ったカザルスは一九三九年初め、フランス側カタルーニャ地方のプラドに亡命した。彼はキャンプに収容されたスペイン人難民の救済に力を尽くす一方、ロンドンやパリでいくつかの演奏会を開いた。カザルスがこの時期を「絶え間ない悪夢」[10]のように過ごしていた間、必死に闘う彼を二人のパートナーが支えた様子はほとんどなく、もちろんトリオの活動を再開できる状況でもなかった。しかし数週間後に勃発するもう一つの戦争が、かつての友情を最終的に壊すことになる。

占領期間中のトリオのメンバー、相反する選択と運命

一九三九〜四〇年の「奇妙な戦争」の間、三人のアーティストは多少の規模の違いこそあれ、前回の大戦時と同じような行動を取った。例えばカザルスは再び亡命生活を送ったが、一九一四〜一八年のアメリカ滞在よりもはるかに不安定で苦悩に満ちたものだった。ティボーはもはや召集される年齢ではなかったが、その代わりに二人の息子が出征した。彼自身も愛国的慈善事業のために演奏会を開いた。コルトーは一九一四年のように、文化活動や兵士への慰問活動の企画開催を担当する公式の部署を設置し、戦時国家への奉仕を始めた。

三人はいずれも、それぞれの立場で、ドイツ軍のフランス侵攻に端を発した一九四〇年夏の悲劇に直面した。ティボーは息子の一人が五月十二日にセダンで戦死し、悲嘆に暮れた。次男は捕虜になった。六月、フランコの参戦とフランス側カタルーニャ地方への侵攻のうわさが、カザルスを渡米へと駆り立てた。彼は数人の近親者と、劣悪な条件の中、船が出港する予定のボルドーまでたどり着いた。しかし船はドイツ軍による魚雷の攻撃に遭い、結局プラドに引き返さざるを得なかった。コルトーはといえば、第三共和政が揺らいだ不幸な日々に、南部へ避難する政府の後を追って、彼もまたボルドーにいた。カザルスと同じ苦境にあったカタルーニャの作家ジョアン・アラベドラは、大混乱に陥った町でコルトーと会ったときの様子を語っている。[11] それによれば、長旅と不安で疲弊しきったカザルスのために力を貸すようアラベドラに急き立てられたコルトーは、行動できない自分の無力さを語り、カザルスに「よろしくお伝えください、幸運を祈るとお伝えください」と言い添えたとのことである。自らの野望にすべてを注いでいたコルトーは（彼は当時、美術庁長官に任命されるよう手を尽くしていた）、故意に旧友を見殺しにしたのだろうか、それともカザルスがボルドーにいたことを本当に知らなかったのだろうか？　コルトーの子孫が異議を唱えるこのエピソードの真相は、もはや解明することはできない。

コルトーは数日後、第三共和政崩壊の最終局面をヴィシーで見守った。ペタン元帥の国家主席就任を目の当たりにした彼は、国民革命をすぐさま支持し、そのスローガン（「労働・家族・祖国」）を文化分野で実践するつもりだった[12]。とはいえ国民評議会委員を務め、ヴィシー政府からフランシスク勲章も受章しながら、ヴィシーでは下級職を歴任したにすぎなかった。青少年庁の特命担当官、次いで美術庁の特命担当官になり、複数の音楽制度再編計画（特に教育分野）を提出したが大した成果はなかった。それらはかつて温めていた構想の一部を焼き直したものだったが、以前とは政治的背景が一変していた。コルトーは一九四一年夏、ピアニストとして演奏活動を再開するためにパリに戻った。急進化にもフランス国の最暗部にも微塵もたじろぐことなく、政治的関与を堅持したばかりか、逆に強めていった。なかでもラヴァル内閣の教育大臣で対独協力の急先鋒だったアベル・ボナールと親交を結んだ。後者はコルトーを「音楽職業組織委員会」委員長に任命した。この委員会は権威主義的で排他的なコーポラティズムの原則を音楽界に適用することを目指していた。そのうえコルトーは芸術分野の対独協力者の代表格だったからである。というのも一九四二年、独仏休戦協定が調印されて以降初めてドイツ公演を行った音楽家だった。さらに文化的プロパガンダ行事の一環としてパリに来たドイツ人アーティストと定期的に共演した。アルノ・ブレーカー、アルベルト・シュペーア、オットー・アベッツらと親交があり、上流階級の対独協力派が集う社交界に出入りし、ラジオ・パリ（占領軍の統制下に置かれたラジオ局）の常連でもあった。しかしナチズムに対するあからさまな共感を表明することは一度もなかった。その代わりに彼は対独協力を「四十年前から」実践していたと述べたほか、『パリザー・ツァイトゥング』紙にドイツは第二の祖国、文化の理想郷だと表明した[13]。

ティボーの態度はこれまで多くの場合でそうだったように、それほど明確ではなかった。息子を失った深い悲しみに暮れていた彼は、ヴィシー政権の法律によってユダヤ人とみなされた妻を必死で守った。戦後、ベルリンへの招待を断ったことも明かした。[14] その一方で、ドイツ人が企画した行事に何回か出演し、演奏した。例えば、一九四一年秋の「モーツァルト大音楽祭」やラジオ・パリの放送番組などである。これらの演奏会でも、そのほかの演奏会でも、定期的にコルトーと協演した。その上、コルトーが委員長を務める音楽職業組織委員会の委員に名を連ねることも引き受けた。とはいえ彼は、女性ピアニストのマルグリット・ロン（コルトーの有力なライバル）と、両者の名前を冠する有名な音楽コンクールの準備に没頭していた。第一回ロン＝ティボー国際コンクールは一九四三年に開催された。

この間、プラドでは、カザルスが「年老いたと同時に世界から切り離された[15]」ように感じながら、もっと良い時代の到来を待っていた。彼の回想録では、ヴィシー政権下の耐乏生活やゲシュタポのいやがらせで明日をも知れぬ状況が明らかにされている。カザルスはコルトーと同様に、ベルリン公演に行くよう請われたが、要請を断固拒否したと語っている。事実、彼は占領期間中に一度も演奏会を開かなかった。当然のことながらコルトーの態度を嘆き、「常軌を逸した野心[16]」と称し、ティボーもコルトーも自分の消息をついぞ尋ねてこなかったことを残念に思った。しかし彼を最も悲しませたのは、二人がピエール・フルニエを代役に立ててトリオを再結成したことだった。これにも政治的象徴の意味合いが込められていた。[17] コルトー＝ティボー＝フルニエの編成は、ラジオ・パリでベートーヴェンの『三重協奏曲』（一九四二年十二月二十七日）を演奏するために初めて組まれた。さらにレコード会社「ラ・ヴォワ・ド・ソン・メートル」（仏HMV）の後援で、一九四三年六月に同じくベートーヴェンのピアノ三重奏曲全曲を演奏したほか、一九四四年一月に新たな演奏会を行った。この最後の演奏会は、トリオ十八番のシューベルト作曲『ピアノ三重奏曲第一番』(18)で幕を下ろした……。

死と変容、最晩年

一九四五年はトリオにとって、三人の関係が途絶えた「ゼロの年」だった。一九四六年春まで演奏会を禁止されたコルトーは翌年、パリの復活公演で一部の観客から野次を浴びせられた。それ以降はスイスに在住しながら一貫したペースで演奏活動を続けたが、ピアノの演奏力に衰えが見られた。ミスタッチが次第に増え、カリスマ的な演奏もごくまれになった。

他方、カザルスは自分が勝者陣営にいると信じていた。一九四四年末、手紙の中で「勝負に負け」て「パリの政治・芸術情勢」を「故意に紛糾させよう」としたが不首尾に終わった「派閥」(19)について触れている。なかでも、恐らく当時、暗黒時代に苦しめられた友人たちに後悔の念を伝えていたコルトーのことが念頭にあったのだろう。カザルスは二回のイギリス公演（一九四五年六月と同年秋）で、一九三九年以来中断していた国際的な演奏活動を再開し、その演奏と同時に政治的・道徳的な姿勢に対して熱烈な喝采を浴びた。数カ月後、フランスでも同様の歓迎を受けた。彼はヒトラーの失脚に続いてフランコがすぐに失脚するものと期待したが、やがて冷戦が始まると、西側の民主主義諸国がスペインの独裁体制を黙認していることに気づいた。彼は抗議の意味を込めて、今後は公開演奏を行わないという極端な決意を固め、再びピレネー地方で隠遁生活に入った。完全な沈黙は一九五〇年の第一回プラド音楽祭まで続いた。彼が背信者とみなした人たちに対する怒りが、失望により一層強まったことは疑う余地がない。例えばユーディ・メニューインは、「反ファシズムの象徴」を当時標榜していたカザルスの強迫観念と、とりわけ「コルトーへの激しい憎悪による頑迷固陋ぶり」[20]を書きつづった。実際、ピアニストが終戦直後に彼に伝えた謝罪と和解の申し出は拒否されたようだ[21]。いずれにせよ、カザルスは決して彼のかつてのパートナーに公然と赦しを与えようとはしなかった。

カザルスの恨みはティボーを容赦することもなかった。一九四五年にロンドンで会ったときに、自分の見解を共有してくれるものと期待したが、「彼は詫びただけで、間違っていたとは言わなかった」と後年、この件について述べた[22]。確かにティボーは、以前にも増して政治から距離を置きたいと考えていた。一九四六年末にアメリカ人記者に対し、占領期末まで関係を保っていたにもかかわらず、コルトーとはもう二度と共演したくないと明言した。大体において、彼は「パートナーたちが（…）政治屋になるとは、あまり運が良くなかった」と思った。加えて「コルトーの振る舞いは目に余るものがあったし、カザルスはいささか気が狂ったようになった」と苦々しく語った。[23]

時間が経てばトリオの亀裂も埋まり、かつての「友情と音楽の喜び」を取り戻せただろうか？運命はそのチャンスを与えなかった。一九五三年九月一日、公演先のインドシナに向かうティボーを乗せた飛行機がオート＝ザルプ県のシメ山に激突して、搭乗者全員が死亡した。この「幸福な人生を好むジャック・ティボーの趣味にいささかもそぐわない馬鹿げた大惨事」[24]の知らせは、元パートナーに衝撃を与えた。コルトーは数日後、ラジオ＝ローザンヌのマイクに向かって、あまりに「深い悲しみ」のため、「(彼の)生涯最良の時期に彼とともに失われたすべて」を言葉にできないことを詫びた。[25]

この悲劇的な死はトリオが顔を揃える可能性を永久に消し去った一方、残された二人に和解への道を開いたように見える。フランス政府によって執り行われた追悼式で、コルトーとカザルスは一九三六年以来初めて再会した可能性がある。[26] 同じ頃、いくつもあった出来事がプラドの隠者の生活を変えた。彼を中心にしたプラド音楽祭が一九五〇年より開催され、国際的なイベントとなったほか、若いマルタ・モンタニェスと出会い（一九五七年に結婚）、彼の母とマルタの故郷であるプエルトリコを初めて訪れた。彼は一九五六年、この国に移り住んだ。ティボーの死に加えて、こうした明るい展望がカザルスの態度軟化につながったのだろう。一九五五年、ついにコルトーの懇願に応じ、「親愛なるフレッド」に再び「兄弟愛」を寄せた。[27] 真の再会は一九五六年十月十一日、エコール・ノルマル・ド・ミュジックがカザルスの傘寿記念レセプションを開催した日に果たされた。翌年、トリオの録音二曲（ハイドンとシューベルト）が再発売されることになり、八十代の二人が思い出を回想する機会となった。各自がレコード・ジャケット用に感慨深い文章を寄せた。一方が「一緒にいたい、音楽をやりたいという切実な思い」（カザルス）に触れれば、他方は「芸術への愛情で結ばれた三人」（コルトー）について語った。[28] カザルスは同じ時期、新たな手紙で「（彼らの）人生のこの黄昏時」に「親愛なる亡き人」とトリオの記憶に敬意を表した。[29] 手紙には和解を最終的に確認する行為が添えられていた。コルトーに次回のプラド音楽祭でデュオで演奏するよう誘いかけていた。

この舞台上の再会は一九五八年七月十日と告知されたが、すでに演奏家としてかなり衰えていたコルトーにとっては試練だった。というのも彼は一九五七年末以降、ますます深刻な健康問題によって演奏活動の休止を余儀なくされていたからだ。さらに予定日の一カ月前、外科緊急手術を受けなければならず、プラドへの「巡礼」の実施そのものが危ぶまれた。しかし彼はカザルスと二人で選んだプログラムを練習するため、病室にピアノを設置させた。曲目はベートーヴェンの『チェロ・ソナタ第三番イ長調』作品六九と『「魔笛」の主題による七つの変奏曲』WoO四六の二曲だった。最終的に演奏会は行われ、プラド教会の粗悪な音響効果や凡庸なスタインウェイ、さらにピアニストの疲労にもかかわらず、大きな感動があった。[30] ソナタの第一楽章の後、カザルスは立ち上がってコルトーを抱擁した。合計百六十三歳のデュオであることを面白おかしく強調しながら、お互いに褒め合った。「君のテンポは相変わらず正確だね。ベートーヴェンが調整したメトロノームを飲み込んだのかと思うほどだったよ！」とカザルスが言えば、コルトーは「パブロは甘美さの中にも力強さの中にも、いつもこの至高の決断力がある」ことを認めた。(31)

コルトーはこれを最後の演奏会にすることを心に決めた。彼は二度と聴衆の前に姿を現すことなく、四年後の一九六二年六月十五日に死去した。トリオ最後の生存メンバーとなったカザルスは、コルトーの死後十一年生きた。最晩年には道徳的・芸術的完全性の象徴として世界中から称賛され、一九七三年十月二十二日に息を引き取った。プラドでの再会は顧みれば今生の別れだったのみならず、コルトーによれば「音楽にすべてを捧げた（自分たちの）生涯の終わりにおける音楽奉献(32)」だった。こうして紆余曲折を経てなお音楽の盟友であり続けた二人が共有したこの最後の夜、ティボーの思い出が去来する中、プラドのサン＝ピエール教会の大祭壇画の前で、コルトーが述べたように、まさに一つの奇跡が起きた。

その夜、カザルスと旧交を温めることは、私の青春時代を取り戻すことであり、思うに我々の二十歳の熱意を無傷のまま取り戻すことだった。（…）何一つ変わらず、すべてが再び始まり、すべてが続いていく！(33)

おわりに

コルトー＝ティボー＝カザルス・トリオの後継者たち

コルトー＝ティボー＝カザルス・トリオの活動が一九三四年に事実上の終焉を迎えると、彼らが二十年以上にわたって第一線で活躍した分野は不毛の砂漠と化した。当時、後を継げそうなトリオは、一九三三年にダリオ・デ・ローザによって結成されたトリオ・ディ・トリエステと、一九三五年にヨゼフ・パーレニーチェクの主導で結成されたスメタナ・トリオの二つだった。後者はチェコ・トリオと後に改名され、ピアニストのパーレニーチェクの息子ヤンが活動を引き継いだ、中央ヨーロッパの伝統あるトリオで、フランスの著名なトリオの後に続くことを公言していた。ほかにも多少の差こそあれ継続的な活動を維持したピアノ三重奏団がある。ルドルフ・ゼルキンとブッシュ兄弟（ヴァイオリニストのアドルフ、チェリストのヘルマン）のトリオ、アメリカにおける最初の「百万ドルトリオ」（ルービンシュタイン、ハイフェッツ、フォイアマン）、ドイツ占領下のフランスでコルトー、ティボー、カザルスの別離が残した空白を埋めるという明確な野心を見せたBBNトリオ（ベンヴェヌーティ、ベネデッティ、ナヴァラ）である。

戦後、レコード産業がLPの発明という決定的な進歩を遂げる中、いくつものトリオが再結成され、不朽の名声を築いた。アルトゥール・ルービンシュタインとヤッシャ・ハイフェッツが一九四九年、チェリストのグレゴール・ピアティゴルスキーを加え、第二の「百万ドルトリオ」を結成した。少し後にポーランド人ピアニストのルービンシュタインがヨーロッパで、ヘンリク・シェリング、ピエール・フルニエと協演し、レコーディングを行った。シェリングとフルニエはドイツ人ピアニストのヴィルヘルム・ケンプと有名なベートーヴェンのピアノ三重奏曲全集も発表した。それ以前にも当時の偉大な名手たちがコルトー、ティボー、カザルスと同様に、多少の差こそあれ、キャリアのかなりの部分を室内楽、なかんずくピアノ三重奏に捧げた。例えばヴァイオリニストのユーディ・メニューイン（ルイス・ケントナー、ガスパール・カサドと協演、次いで妹ヘプシバ、チェリストのモーリス・ジャンドロンと協演）や、キャリア晩年にヴォルフガング・シュナイダーハン（ヴァイオリン）、エンリコ・マイナルディ（チェロ）とよく聴衆の前に姿を現したピアニストのエトヴィン・フィッシャーの事例が挙げられる。多種多様で幅広いレパートリーを持つロシアの偉大な名演奏家たちも同様である。中でもレフ・オボーリン、ダヴィッド・オイストラフ、スヴャトスラフ・クヌシェヴィツキーによって結成され、一九四三年から一九六三年まで活動したトリオと、エミール・ギレリス（ピアノ）、レオニード・コーガン、ムスティスラフ・ロストロポーヴィチによるトリオが挙げられる。さらに時代が下ると、ウラジミール・アシュケナージがイツァーク・パールマン、リン・ハレルと多くのディスクを録音したほか、例えばヴェルビエ音楽祭でジョシュア・ベル（ヴァイオリン）、アレクサンダー・クニャーゼフ（チェロ）と協演したエフゲニー・キーシンのように、今日でもトリオとしてステージに登場することをいとわないピアニストがいる。

そうした著名なソリストによる団体が多少なりとも散発的な活動にとどまる一方で、より永続的に活動するトリオが一九五〇年代から一九六〇年代にかけて結成された。一九六一年から一九八四年まで活動した有名なイストミン＝スターン＝ローズ・トリオは、その精神においてコルトー＝ティボー＝カザルス・トリオに極めて近いといえる。いずれのメンバーも第一線のソリストと室内楽奏者の二つの道を同時に歩んだからである。活動期間の長さ、一貫性、レパートリーの広さで最も有名なのが、一九五五年に結成されて以降、メンバー交代を重ねて二〇〇九年まで活動を続けた有名なボザール・トリオである。メンバーの中に、パリ音楽院でジョルジュ・エネスコとギヨーム・レミに師事し、ティボーのように仏・ベルギー楽派の遺産の継承者だったといえるヴァイオリニストのダニエル・ギレ（本名ギレヴィッチ）が一九六九年までいたほか、一九四六年から一九四八年までプラドでカザルスに師事したチェリストのバーナード・グリーンハウスが一九八七年までいた。すなわちコルトー＝ティボー＝カザルス・トリオの精神の一部が、このもう一つの異例のピアノ三重奏団の中に生き続けたと考えても差し支えない。

この室内楽の新時代にLPレコードを通して、それまで演奏機会の極めて少なかった作品や顧みられなかった作品、忘れ去られた作品が日の目を見るとともに、あまたの演奏家がその才能を世に知らしめた。加えて「バロック」音楽に取り組む演奏家たちが十七世紀と十八世紀のおびただしい数の楽曲を探求し、その中で新しい技術や独創的な奏法を探し合い、新しいセンスを吹き込むことで、過去の世代には知られていなかったレパートリーにおいて独自の地位を占めるようになった。

コルトー゠ティボー゠カザルス・トリオにならってピアノ三重奏団の結成を志した若手演奏家たちは一九六〇年代、一九七〇年代になっても、先達の「ロマン派」への一途なこだわりに甘んじていられたのだろうか、それとも新しい音楽の潮流を追わなければならなかったのだろうか？フランスの事例に限って言えば、これはパリ音楽院やエコール・ノルマル・ド・ミュジック・ド・パリに当時創設された室内楽クラスの生徒が直面した問題だった。とりわけジャン・ユボーやジュヌヴィエーヴ・ジョワらの有能な教授の指導のもとで、生徒たちは「一緒に演奏するアンサンブル」の極意を学んだ。彼らは夏期アカデミーで経験豊富な室内楽奏者が指導する充実したマスタークラスで研鑽を積むこともできた。ヴァイオリニストのパトリス・フォンタナローザを中心として一九六一年に結成されたフォンタナローザ・トリオが、兄弟姉妹によるピアノ三重奏団の代表格になったことや、第一線で活躍するソリストのジャン゠フィリップ・コラール（ピアノ)、オーギュスタン・デュメイ(ヴァイオリン)、フレデリック・ロデオン(チェロ)が一九七〇年代から八〇年代にかけてトリオを組んで、シューベルトやフォーレの室内楽曲をレコーディングしたことが思い起こされる。その後、アマデウス四重奏団やボザール・トリオに匹敵する実力派トリオ・ヴァンダラーが数十年にわたって活躍を続ける中で、国際的な地位と名声を獲得し、コルトー＝ティボー＝カザルス・トリオの系譜の中に明確に位置づけられるようになった。そして今日、トリオの新世代が出現しているようだ。例えばルノーとゴーティエのカピュソン兄弟が、ピアニストのフランク・ブラレーまたはニコラ・アンゲリッシュと組んでいるほか、アダム・ラルーム、梁美沙(ヤン・ミサ)、ヴィクトル・ジュリアン＝ラフェリエールによるトリオ・レ・ゼスプリも将来有望である。これらの新進気鋭の音楽家たちは、当時のコルトー、ティボー、カザルスと同様に、聴衆の最大の幸福のために、各自のキャリアの追求と一緒に演奏する喜びを両立させる道を臆することなく歩んでいる。

謝辞

コルトー＝ティボー＝カザルス・トリオに関する著書の執筆は、アクト・シュッドで双書の監修者を務めていたエリック・ドニュの考えである。彼は二〇一二年末、このプロジェクトを光栄にも我々に託してくれた。その後にプロジェクトは幾度かの変遷を経たが、最初に与えられたきっかけの重要性と、背中を押してくれた彼のことを忘れることはない。

同様に、我々は各段階でアクト・シュッド出版から行き届いたサポートを受けることができ、主たる担当者のマリー＝アメリー・ル・ロワの柔軟性と有能さを掛け値なしに高く評価した。彼女には心から感謝の意を表する。

我々の計画に快く賛同していただいたアルフレッド・コルトー、ジャック・ティボー、パブロ・カザルスの相続者、権利承継者の各位に、なかでもジャン・コルトー氏に感謝の意を表する。ジャック・ティボーのひ孫で自身も見識ある音楽愛好家のニコラ・ヴォード氏にはひとかたならぬご協力を賜り、我々に数多くの資料をご提供くださった。ここに謝意を表することは幸甚の至りである。

我々は調査を進める中で、足繁く通うことになった複数の施設で、作業に極めて好適な条件を見いだし、施設職員が有する専門知識の恩恵を受けることができた。とりわけフランス国立図書館音楽部門、フランス学士院図書館（特にファビエンヌ・ケルー氏）、マーラー音楽メディアテーク（特にアラン・ガリアリ、ソニア・ポポフ両氏）、カタルーニャ国立公文書館の各施設の司書、アーキビスト、図書館員の各位に深謝の意を表する。

ヨーロッパのかなり広い範囲で何十年も前に行われた演奏会の痕跡を探し出すことは、必ずしも容易ではない。それでも一部の新聞や音楽関連団体（例えばフランクフルト・ムゼウム協会）のウェブサイトの豊富な情報量のおかげで作業は大いにはかどった上、何よりも幾人かの同業者や友人から惜しみない有用な助力を得られた。セシル・ケネは我々のためにブリュッセルの音楽事情に関する史料を丹念に調査してくれた。アミーチ・デッラ・ムジカ・フィレンツェのアーキビスト、カチューシャ・マネッタ氏には、コルトー、ティボー、カザルスが一九三四年に上演した最後のプログラムを見つけ出していただいた。イギリスにおけるトリオの重要な活動に関しては、懇意にする友人のジョン・ガスリー・ルーク氏から所有する資料を提供していただいた。他方、タリー・ポッターは自身の研究成果を快く我々に託してくれた。各氏には謹んで深甚なる謝意を表する。

トリオ・ヴァンダラーのメンバー、ヴァンサン・コック、ジャン＝マルク・フィリップ＝ヴァルジャベディアン、ラファエル・ピドゥには、巻頭言の執筆を依頼したところ、早々に承諾の返事をいただいた。現代屈指の室内楽アンサンブルの名前が本書の巻頭を飾ることを誇りに思うとともに、ここに深謝の意を表する。

最後にジュリーとドミニクは執筆の進行と並行して各章の原稿を厳しい目で読み直し、誤字脱字や曖昧な表現の修正に力を貸してくれた。そのことについて、また他のことについても、本書は二人に負うところが大きい。

訳者あとがき

本書の翻訳を始めたきっかけは、オーディオ・レコード研究家の新忠篤氏と二人で案内人を務めた富士レコード社主催のSPレコードコンサートである。「二十世紀最高のトリオ《コルトー・ティボー・カザルス》」と題した三回シリーズの催しで、二〇一八年から年一回のペースで開催していたが、二〇二〇年三月に開催する予定だった最終回は、新型コロナウイルス感染症の影響で無期延期となった。

日本で定着している「カザルス・トリオ」または「カザルス三重奏団」という呼称は、あたかもカザルスをリーダーとする三重奏団という印象を与えるが、実際にはそうではない。トリオが現役だった当時から日本ではコルトーとティボーの二人を省いた名称が見られたが、トリオのS

P盤の復刻LPがカザルス・トリオの楽団名でリリースされるに至って、すっかり浸透した感がある。当時の日本市場におけるカザルス人気を踏まえた商業上合理的な判断だったと容易に想像できるが、三人の意思が反映された名称だとは到底思えない。コルトー、ティボー、カザルスの名前が並んでこそ、この上ない大きな価値が生み出されたからだ。しかも三重奏団が誰か一人の指揮下に置かれた事実はなく、三人の固い友情の上に成り立っていたことは、本書による歴史的検証でも明らかである。トリオのレコードが初めて世に送り出されてからほぼ百年が経った今、三人の名前を連記する本来の表記に立ち返って、音楽史に残るトリオの名演を純粋に楽しんでもいいのではないか。先述のレコードコンサートを企画したのも、そうした思いからだった。

三人それぞれの来日について、ここで伝統的な順序に従って手短に触れておく。コルトーは一九五二年九月末に初来日し、東京・日比谷公会堂での独奏会を皮切りに、全国各地で三十回余りの演奏会を開いた。最初のリサイタルではショパンの『二十四の前奏曲』作品二八と、『二十四の練習曲』作品一〇及び作品二五を弾いた。作家の大仏次郎は二十年前から親しんでいたレコードから、もっと派手な演奏を想像していたが、「実際には実にさり気なくひいていた。その音には命が通っている」[*1]と感銘をつづった。ピアニストの原智恵子は、フランスの大きな文化碑を日本の墨絵のように一筆で描き出した音の世界を「たぐいない『静けさ』と『大きさ』の美」[*2]と評した。十二月には日本ビクター築地スタジオで二日間に及ぶレコーディングが行われた。[*3]録音歴三十余年を数えるコルトーは、曲と曲の合間に煙草をくゆらせながら、休憩も取らずに鍵盤に向かった。テープのプレイバックを聞いて一回で気に入れば「ベリー・グッド」、何回も録り直しになると「迷惑をかけて済まない」とスタッフを気遣った。[*4]

コルトーが下関公演のために滞在した川棚温泉（山口県下関市）には、今も老ピアニストをめぐる伝説が息づいている。逗留したホテルから響灘を望む景観にすっかり魅了されたコルトーは、海に浮かぶ無人島を終の住処にすることを願った。その思いを知った地元の人々が、永住を条件に使用権を譲渡し、島を「孤留島」と命名すると申し出た。コルトーは歓喜して再来を誓った。ヨーロッパに戻ってからも折に触れて自分の名前のついた島の話をしていたコルトーだったが、体調が許さず再来日は叶わなかった。ホテルの跡地に建てられた川棚の杜コルトーホールの眼下には、今も美しい風景が広がっている。

本書ではティボーが公演先のインドシナに向かう飛行機の墜落事故で死亡したとあるが、この旅行の主な目的地は日本だった。コルトーが来日した翌年、ティボーは読売新聞社の招聘を受けて、通算三回目となる日本公演を行う予定だった（一回目は一九二八年、二回目は一九三六年）。彼は二回目の来日公演中、日本ビクターで一度だけ録音している。このレコードの音質にことのほか感心したティボーは、三回目の来日の際に十日間ほど滞在を延長し、日本のオーケストラとの協演も含めて、まとまった量の作品を録音する構想を練っていた。だが結局、ヴェラチーニの『メヌエット＝ガヴォットとジーグ』が日本で吹き込んだ唯一のレコードとなった。[*5]

ティボーは滞在中のエピソードにも事欠かない。築地の料亭で開かれた歓迎の宴では、東京に偶然居合わせた親友の喜劇王チャップリンと妻の女優ポーレット・ゴダードを招いて大いに盛り上がった。熊本の歌舞伎小屋で開いたリサイタルでは、演奏中に通りすがった雨乞いの行列の団扇太鼓にもめげずに悠然と弾き続け、冷や汗をかいた聴衆を感激させた。[*6]

一方、カザルスは日本からの招聘をことごとく断っていた。日本政府がスペインのフランコ政権を承認していたからだ。とはいえ彼の高弟である平井丈一朗の凱旋公演に花を添えるためならと、一九六一年四月に八十四歳の高齢を押して亡命先のプエルトリコから特別に来日した。平井は恩師カザルスが指揮する東京交響楽団との共演で、ドヴォルザーク、シューマン、ラロ、ボッケリーニの四大チェロ協奏曲を二晩で演奏し、華々しいデビューを飾った。

この機会にカザルスは東京・有楽町の朝日講堂で、日本人チェリスト十一人に特別公開レッスンを行った。京都も訪れ、京都市交響楽団を指揮した。曲目はドヴォルザークのチェロ協奏曲で、愛弟子がソリストを務めた。平井はインタビューでカザルスの教え方について質問され、「音楽は楽譜から始まったものではなく、音楽を楽譜に書いたものだから、楽譜に書いてある通りではいけない、楽譜から離れて非常に自由にならなくてはいけない」という師の言葉を紹介した。[*7]カザルスは東京・文京公会堂で四百人の子どもの合奏に迎えられるなど、最初で最後の日本滞在中、行く先々で熱烈な歓迎を受けた。

ティボーは二回目の来日中にトリオの日本公演の可能性をほのめかしている。二年後の秋にコルトーと日本で協演する意向を固め、「出来れば、カザルスも呼びたい」[*8]と明かした。しかし日中戦争の勃発で、三人が日本で一堂に会する夢の企画は流れた。その一方で、期せずしてトリオを独占した日本人がいた。「音楽の殿様」の異名を取った貴族議員の徳川頼貞侯爵である。ロンドンで万国議員会議に出席するために渡欧した頼貞候は、途次に立ち寄ったパリで、コルトーからエコール・ノルマル・ド・ミュジックの演奏会に招待された。コルトー指揮によるバッハの『ブランデンブルク協奏曲第二番ヘ長調』に続いて、ティボーがモーツァルトの『ヴァイオリン協奏曲第六番変ホ長調』を弾いた。頼貞候はティボーと前年の初来日公演以来の再会を果たした。後日、日本人がピアノの試験を受けに来るというのでエコール・ノルマルで待っていると、現れたのは当時十四歳の原智恵子だった。

さらに数日後、頼貞候はコルトーから晩餐の招待を受けて、都合がつかない妻の代わりに通訳を兼ねた英国人Z夫人を伴い、パリ十六区の瀟洒な邸宅を訪ねた。しばらくするとティボー夫妻とカザルスも現れた。パリや東京をはじめ、世界各地の楽壇での体験談に花が咲いた食事の後、一同は客間に移った。そこでコルトーは仲間二人を促し、遠来の賓客のためにベートーヴェンの『大公トリオ』とメンデルスゾーンの『ピアノ三重奏曲』を演奏した。頼貞候はかつて聴いたことがない美しいアンサンブルに「この世における最も幸福な瞬間」を感じた。[*9] 一九二九年六月頃のことで、本書の年表によると、その年に開催された公開演奏会はバルセロナでの一回のみである。

原書の共同執筆者の一人であるフランソワ・アンセルミニ氏は二〇一二年十月、川棚の杜・コルトーホールで開催されたコルトー没後五十年・来日六十周年記念シンポジウムに出席するために来日した。同氏はシンポジウムに先立って川棚グランドホテルで特別講演を行い、コルトーの生涯を詳細に紹介した。[*10] レミ・ジャコブ氏との共著『アルフレッド・コルトー』（ファヤール出版、二〇一八年、本邦未訳）は、長年にわたるコルトー研究の集大成である。

本書の出版に際しては、春秋社編集部の林直樹、中川航両氏に大変お世話になった。翻訳は孤独な作業だが、最後は豊富な知識と経験を積んだ二人との共同作業になり、思いも寄らぬ形で三重奏の醍醐味を味わった。両氏には心から感謝申し上げる。

二〇二二年初夏

桑原威夫

＊1 大仏次郎「命の通う〝音〟」、『朝日新聞』朝刊、一九五二年十月一日、三頁。
＊2 原智恵子「類いない静けさ、大きさ」、『朝日新聞』夕刊、一九五二年十月一日、四頁。
＊3 SP盤、LP盤（国産LP第一号）、EP盤でリリースされた。全曲オリジナルアナログマスターテープから復刻されたCD二枚組『コルトー・イン・ジャパン1952』（BMG JAPAN、BVCC-37439～40）が二〇〇五年に発売された。
＊4 右記CDのリーフレットを参照。
＊5 一九三六年五月二十七日録音、日本ビクター東京吹込所。殿木敏達著『ジャック・ティボーの世界』（東京、一九九三年、九二～九三頁、二二九～二三一頁）を参照。
＊6 同右、八九～九一頁、一〇六～一〇八頁。
＊7 『TBS Vintage Classics ボッケリーニ&ドヴォルザーク：チェロ協奏曲』、ユニバーサルミュージック、TYGE-60021。

＊8　西条卓夫著『新装 名曲この一枚』、東京、アルファベータブックス、二〇二二年、一八八～一八九頁。
＊9　徳川頼貞著『薈庭楽話』、東京、中央公論新社、二〇二一年、三〇三～三一二頁。
＊10　コルトー音楽祭実行委員会編「いま、アルフレッド・コルトーから受け継ぐべき魂 没後五十年・川棚来訪六十周年記念シンポジウム報告書」一三～二七頁を参照。

主要人名索引

註

コルトー＝ティボー＝カザルス・トリオ録音一覧

出典

トリオ演奏会年表　前期（1906～13年）
後期（1921～34年）

左から、カザルス、ティボー、コルトー　1932年

主要人名索引

註

第1章

（1） コルトー家はもう1人の著名音楽家である作曲家エドガール・ヴァレーズ（1883〜1965）を生んだ。彼の母方の祖父が、アルフレッドの叔父にあたる。しかし2人の音楽家の間には、およそ友好的とはいえない、疎遠な関係しかなかったようだ。

（2） 彼が誕生したとき、両親は共に43歳、長男は18歳、長女は13歳、次女は11歳。

（3） この引用とその前の引用については、1953年のラジオ・ローザンヌのインタビュー（ERL）第1話を参照。

（4） マーラー音楽メディアテーク所蔵アルフレッド・コルトー文庫・書簡集（MMM-AC）、ドニ・コルトーがアルフレッド・コルトーに宛てた1898年1月17日付の手紙。

（5） コルトー家所蔵史料（AAC）、アルフレッド・コルトーがレア・コルトーに宛てた1933年9月27日付の手紙。

（6） フランス学士院図書館所蔵ベルナール・ガヴォティ文庫（BIF-BG）、ベルナール・ガヴォティが収集した証言（1955年頃）。ジャン・ガロン（1878〜1959）は1919年から49年まで、パリ音楽院和声科教授を務めた。ジョゼフ・モルパン（1873〜1961）はパリ音楽院とエコール・ノルマル（パリ音楽師範学校）のピアノ科教授を務めた後、1944年から47年までエコール・ノルマル学長を務めた。

（7）『伴奏者、アンドレ・ブノワ自叙伝（仮）』、ネプチューン・シティ、パガニニア・パブリケーションズ出版、1978年、p. 26。アンドレ・ブノワはアメリカのヴァイオリニスト、アルバート・スポルディングの伴奏者として特に知られる。

（8） コルトーが折に触れて語ったエピソード。ERL第1話でも語って

いる。

（9） エドゥアール・リスレール（1873〜1929）はディエメール、次いでワイマールでオイゲン・ダルベールに師事した。パリでは1890年代にベートーヴェンのピアノソナタ、ショパンのピアノ曲、バッハの『平均律クラヴィーア曲集』などの全曲演奏で名を上げた。

（10） ERL 第1話。

（11） 同上。

（12） ERL 第4話。

（13） ギ・ゴスランが自著『都市における交響楽、19世紀のリール（仮）』（パリ、ヴラン出版、「音楽学」叢書、2011年、p. 308）で引用。

（14） イポリート（1869年生）は夭逝したが、アルフォンス（1870年生）はドイツで活動し、ジョゼフ（1875年生）はボルドー音楽院院長、フランシス（1877年生）はオラン音楽院院長を務めた。

（15） ジャン＝ピエール・ドリアン編『ヴァイオリンは語る』、パリ、デル・デュカ出版、1953年、原書 pp. 27-28（栗津則雄訳、東京、白水社、1969年）。

（16） 同上、pp. 53-54。完成した同書にティボーが落胆をあらわにしたことから、情報源としての信頼性は低い。

（17） ウジェーヌ・イザイ（1858〜1931）はヴァイオリニスト、指揮者、作曲家（中でもヴァイオリン・ソナタをティボーに献呈）で、当時の楽壇を代表する大物音楽家。

（18） ジャン＝ピエール・ドリアン、前掲書、p. 97。

（19） マルタン＝ピエール・マルシック（1847〜1924）はフランス＝ベルギー楽派のもう1人の代表格で、特に室内楽の名演奏家だった（サン＝サーンスが『ヴァイオリン・ソナタ第1番』を献呈）。

（20） ジャン＝ピエール・ドリアン、前掲書、p. 152。

（21） 同上、p. 140。

（22） 同上、p. 216。

（23） カザルスは出生時にカタルーニャ語の名前パウがつけられたが、プロ演奏家として活動し始めてからカスティーリャ語（スペインの標準語）のパブロを使うようになり、1920年以降は再びパウを名乗るようになった。

（24） パブロ・カザルス著『パブロ・カザルス 喜びと悲しみ』、アルバート・E・カーン編、パリ、ストック出版、1970年、原書 p. 21（吉

田秀和、郷司敬吾訳、東京、新潮社、1973年)。
(25) 同上、p. 27。
(26) 同上、pp. 38-39。
(27) ギリェルモ・モルフィは国王アルフォンソ12世の家庭教師、次いで摂政マリア・クリスティーナ王太后の個人秘書を務め、スペインの作曲家に関する音楽学的研究論文も著した。
(28) 1859年、カリフォルニア生まれ。フランスの作曲家グノーやイタリアの作曲家が起用した(当たり役は『夢遊病の女』のアミーナ)。
(29) その前にカザルスは5月8日、キャンベル・クラーク夫人のサロンで、エマ・ネヴァダの伴奏をしてパリ楽壇にデビューした(『ル・フィガロ』紙、1899年5月9日)。
(30) 『ル・メネストレル』誌、1899年12月24日。シャルル・ラムルーは同年12月21日に急逝したため、カザルスはラムルーの指揮で演奏した最後のソリストとなった。
(31) 1903年12月9日。
(32) ピエール・バイヨ(1771〜1842)は当時の最も偉大なフランス人ヴァイオリニスト。彼が所有していたストラディヴァリウスは1903年、ジャック・ティボーとマルグリット・フランクフォールの結婚式で新婦から新郎に贈られた。
(33) ホセ・マリア・コレドール著『カザルスとの対話』、パリ、アルバン・ミシェル出版、1955年、原書 p. 227(佐藤良雄訳、東京、白水社、1988年)。
(34) 同上、p. 226。
(35) アルフレッド・ブレンデルの表現(『楽想のひととき』、プリンストン、プリンストン大学出版、1976年、原書 p. 125/岡崎昭子訳、東京、音楽之友社、1998年)。
(36) パブロ・カザルス、前掲書、p. 88。
(37) ERL 第8話。
(38) ドダ・コンラッド著『ドダスカリ、わが20世紀伝(仮)』、アルル、アクト・シュド出版、1997年、p. 430。
(39) ERL 第4話。
(40) ここまでの引用についてはERL 第4話を参照。
(41) パブロ・カザルス、前掲書、p. 88。
(42) ERL 第8話。
(43) ホセ・マリア・コレドール、前掲書、p. 13-14。

(44) アーヴィング・コロディン寄稿『リムスキーが救ったジャック・ティボー（仮）』、ニューヨーク・サン紙、1936年12月31日。

第2章

(1) ERL 第2話。
(2) 『ル・フィガロ』紙、1898年6月6日、p. 2。
(3) 同上、1900年10月22日、p. 3。
(4) ERL 第3話。
(5) パリ音楽愛好協会での演奏会。
(6) 『ル・フィガロ』紙、1900年5月9日、p. 2。
(7) ミリアム・シメーヌ著『メセナと音楽家、第3共和政下のパリにおけるサロンから演奏会まで（仮）』、パリ、ファヤール出版、2004年。
(8) 歴史学者アンヌ・マルタン＝フュジエは、アリーヌ・ドリアンについて、遠慮なくこの表現を使っている。1850年に有力な鉄工場主の娘として生まれ、1889年に裕福な実業家で、政治家クレマンソーに近い国民議会議員ポール・メナールと結婚。彼女はドレフュス派、反教権主義者、社会主義シンパという一面と、特にワーグナー作品をはじめとする音楽愛好家という一面を併せ持っていた（アンヌ・マルタン＝フュジエ著『第3共和政下のサロン、芸術、文学、政治（仮）』、パリ、ペラン出版、「テンプス」叢書、2009年、pp. 85-86）。
(9) 同上、p. 84。
(10) マルグリット・ド・サン＝マルソー著『日記1894-1927（仮）』、ミリアム・シメーヌ編、パリ、ファヤール出版、2007年。
(11) マルク・ソリアノ編著『ヴァイオリンの奥義 ジュール・ブーシュリ回想録』、パリ、レ・サンドル出版、1993年、原書 p. 36（桑原威夫訳、東京、音楽之友社、2010年、p. 48）。
(12) ホセ・マリア・コレドール、前掲書、p. 66。
(13) パブロ・カザルス、前掲書、p. 110。
(14) アントワーヌ・イザイ著『ウジェーヌ・イザイ、その生涯、作品、影響（仮）』、パリ、レ・ドゥー・シレーヌ出版、1947年、p. 166。
(15) パブロ・カザルス、前掲書、p. 111。

(16) トリオのSP音源のLP復刻盤リリース（1957年）に際して書かれた文書。クリスチャン・グボーが自著『ジャック・ティボー フランスのヴァイオリニスト』（パリ、リブレリー・オノレ・シャンピオン出版、1988年、原書 p. 43／村上和男訳、仙台、創栄出版、1997年）で引用。
(17) パブロ・カザルス、前掲書、p. 87。
(18) ガブリエル・アストリュック（1864〜1938）はジャーナリスト兼音楽誌発行人だったが、1905年に演奏会や演劇の企画・運営を手掛ける代理店「ソシエテ・ミュジカル」を設立した。同社を率いて、数多くのイベントを企画・開催、中でも特筆すべきはバレエ・リュスのパリ初演（1909年）とドビュッシーの『聖セバスティアンの殉教』（1909年）である。1913年にシャンゼリゼ劇場も建設させた。この劇場で『春の祭典』の記念すべき初演が行われた。
(19) 現在のサル・プレイエルではない。1839年に落成した当時のサル・プレイエルは、ロシュシュアール通りの同名のピアノ製造所の隣にあった。席数は500席で、リサイタルや室内楽の演奏会に理想的なホールだった。
(20) メゾソプラノ歌手のジャーヌ・バトリ（1877〜1970）は、フランス歌曲の名歌手の１人。ピアノの腕前もなかなかで、自身でピアノを弾きながら歌うこともあった。
(21) 1855年、アメリカ生まれ。アダ・アディニ（Ada Adiny または Adini）は1903年、コルトーによって上演された『トリスタンとイゾルデ』に出演した。
(22) コルトーとブルム夫妻は、パリ南東方ダマリ＝レ＝リスにあるこの壮麗な屋敷を廉価で借りた。屋敷を所有していた策謀家テレーズ・アンベールは、世間を騒がせた詐欺事件後、財産を供託に付されていた。これもちょっとしたエピソードだが、屋敷はトリオが最初の演奏を聞かせてから長い年月を経て、テレビ番組『スター・アカデミー』（スターをめざす若者十数人を短期特訓し、最優秀者がプロデビューする仏版スター誕生）の舞台として2001年から2008年まで使われた。時代が変われば、音楽も変わる。
(23) クロチルド・コルトー、リズ・ブルム、マリー＝ロール・メイエールは幼なじみの親友で、クロチルドとリズは従姉妹同士だった。コンスタンス・コリーヌという筆名で刊行された、マリー＝ロール・メイエールの娘コレットの証言を参照（『夜から見た朝 ベル・

エポックから狂騒の時代まで（仮）』、パリ、アントロポス出版、1980年）。

(24) 同上、p. 66。

(25) 同上、p. 65。

(26) ERL 第 3 話。

(27) コンスタンス・コリーヌ、前掲書、p. 66。

(28) 1936年、レオン・ブルムを首班に政権を樹立した左翼政党連合。

(29) ERL 第 3 話。

第3章

(1) 1761年 5 月 1 日にハイドンによって署名されたこの契約書は、エステルハージ家所蔵史料中に保管されている。ドイツ人音楽学者カール・フェルディナント・ポールが自著『ヨーゼフ・ハイドン（仮）』第 1 巻（ライプツィヒ、フーゴ・ボスティバー補筆、1875年）で公表。マルク・ヴィニャルが自著『ハイドン』（パリ、ファヤール出版、1988年、原書 pp. 84-85／岩見至訳、東京、音楽之友社、1971年）で引用、翻訳。

(2) ジュゼッペ・カルパーニ（1751～1825）著『ハイドン伝、あるいは有名な作曲家ジュゼッペ・ハイドンの生涯と作品についての手紙（仮）』、マルク・ヴィニャルによる引用、前掲書、pp. 54-55。

(3) BWV 1079。

(4) BWV 525-530、1727年頃。

(5) ピエール・サビが自著「鍵盤三重奏の祖先：ジャン＝フィリップ・ラモーの『コンセール用クラヴサン曲集』への眼差し（仮）」で、このクラヴサン曲集について極めて的確な分析を行っている。ジェラール・ステレスキ監修『ピアノ三重奏、歴史、語法、展望（仮）』（リヨン、シメトリ出版、2005年、pp. 19-38）に収録。

(6) コンセール用クラヴサン曲集から 5 つの小品『リヴリ』『軽はずみ』『内気（第 1 ロンドー）』『内気（第 2 ロンドー）』『おしゃべり』が、作曲家自身によってクラヴサン独奏用に編曲された。

(7) ジャン＝ジョゼフ・カサネア・ド・モンドンヴィル（1711～1772）は、ナルボンヌ出身の作曲家、ヴァイオリニスト。1755年よりコンセール・スピリチュエルを指揮し、ヴェルサイユ王室礼拝堂で自

身が作曲した独唱、合唱、管弦楽のためのグラン・モテを上演した。
(8) エルヴェ・オーデオン著『1800年頃のフランスにおけるピアノ三重奏と伴奏の概念に関する覚書(仮)』(ジェラール・ステレスキ監修、前掲書、pp. 48-61)を参照。
(9) アントニー・ヴァン・ホーボーケン著『ヨーゼフ・ハイドン主題書誌学的作品目録(仮)』、マインツ、1957〜71年。
(10) 実際は『ピアノ三重奏曲第30番へ長調』Hob. XV-17のこと。
(11) ハイドンがゲンツィンガー夫人に宛てた1790年6月27日付の手紙、マルク・ヴィニャルによる引用・翻訳、前掲書、pp. 327-328。

第4章

(1) フィリップス。
(2) ユニバーサル。
(3) EMIクラシックス。
(4) ワーナー・クラシックス。
(5) CBS。
(6) BBC Legends 42522。
(7) ワーナー・クラシックス。
(8) ハルモニア・ムンディ HMG502131。ジェイムズ・コンロン指揮、ケルン・ギュルツェニヒ管弦楽団。
(9) この献辞は1808年にウィーンの芸術産業事務所に寄託された初版譜の見返しにフランス語で記載されている。
(10) エリザベット・ブリソン著『ベートーヴェンの音楽(仮)』(パリ、ファヤール出版、「音楽必携」叢書、2005年)を参照。
(11) ミヒャエル・ウムラウフ(1781〜1842)が1824年5月7日、この劇場でベートーヴェンの『交響曲第9番』の初演を指揮し、イグナーツ・シュパンツィヒがコンサートマスターを務めた。
(12) エリザベット・ブリソン著、前掲書、pp. 331-334を参照。
(13) 作曲家と同姓同名。
(14) ジャン・グリバンスキー著『革命期と帝政期のパリにおける鍵盤三重奏(仮)』、『ルヴュ・ド・ミュジコロジー』誌、第73巻、第2号、パリ、1987年、pp. 227-248を参照。

第5章

（1） 巻末付録の演奏会年表を参照、pp. (28)〜(57)。
（2） 『ル・メネストレル』誌、1901年11月10日、p. 360。
（3） この事務所を1896年に設立した評論家アルチュール・ダンドロ（1864〜1943）は、国内有数のコンサートプロモーターになった。ティボーが彼の事務所の「専属」になったので、トリオは当時、利益管理をダンドロに委託した。
（4） 彼は当時、リール交響楽団の指揮者を務めていた。カザルスとティボーを招聘し、彼の指揮で演奏したこともあった（ギ・ゴスラン、前掲書）。
（5） コンセール＝イザイ協会は1894年にブリュッセルで、ヴァイオリニストのイザイによって設立された。
（6） ERL 第9話。
（7） 1808年設立。この協会が主催した演奏会には、ブラームスやリヒャルト・シュトラウスらが出演した。
（8） ベートーヴェン全作品が1カ月間で演奏された（「デン・ハーグのベートーヴェン音楽祭（仮）」、『ジル・ブラス』紙、1911年4月4日、p. 4）。
（9） MMM-AC、パブロ・カザルスがアルフレッド・コルトーに宛てた手紙、1911年10月15日。
（10） 「私は醜いデマを打ち消したい。トリオは解散などしない。(…) このトリオに比肩し得るアンサンブルは一つとしてない。トリオの消滅は反音楽的行為である」（ポール・ド・ストクラン著「トリオ・コルトー＝ティボー＝カザルス（仮）」、『ル・クーリエ・ミュジカル』紙、1910年6月15日、p. 475）。
（11） タリー・ポッター著「偉大なるものの三位一体（仮）」、『クラシカル・レコーディングス・クオータリー』誌、2012年夏号、p. 21。
（12） 『ル・ゴロワ』紙、1911年5月17日、p. 3。
（13） 以下に続く数字は、コルトーが手帳に記した収入に基づいて計算された。1910年当時の労働者1人当たりの平均年収が1, 291フランだったことを思えば、トリオの出演料がいかに高額かを推し量ることができる（トマ・ピケティ著『格差と再分配：20世紀フランスの資本』、パリ、グラセ出版、2001年、原書 p. 679／山本知子、山

田美明、岩澤雅利、相川千尋訳、東京、早川書房、2016年)。
(14) デンマーク出身のソプラノ歌手ポヴラ・フリッシュ(1881〜1960)はパリ、次いでアメリカで活躍した。
(15) ジャン=ピエール・ドリアン、前掲書、p. 61。
(16) ホセ・マリア・コレドール、前掲書、p. 127。
(17) 「モール事件」、『ジル・ブラス』紙、1909年6月11日、p. 3。
(18) コンスタンス・コリーヌ、前掲書、p. 69。
(19) 同上、p. 140。
(20) マリヴォンヌ・ケンデルジによるインタビュー、1960年7月13日、カナダ放送協会。
(21) ポルトガル出身の女性チェリスト、ギレルミナ・スッジア(1885〜1950)は1906年から12年まで、カザルスと暮らした。
(22) ベルナール・ガヴォティ著『アルフレッド・コルトー』、パリ、ビュシェ=シャステル出版、1977年、原書 p. 117(遠山一行、徳田陽彦訳、東京、白水社、1982年/新装復刊版、2012年)。
(23) パブロ・カザルス、前掲書、p. 87。
(24) ジャック・ティボーがガブリエル・アストリュックに宛てた手紙、1907年7月26日、フランス国立図書館(BnF)、NLA256(24)。
(25) ホセ・マリア・コレドール、前掲書、p. 61。
(26) ベルナール・ガヴォティ、前掲書、p. 106。

第6章

(1) パブロ・カザルス、前掲書、p. 115。
(2) スーザン・メトカルフェ(1878〜1959)は1897年、メゾソプラノ歌手として活動を始め、1904年にはすでにカザルスと知り合っていた。この結婚は総じて幸せなものではなく、夫妻は1928年に離婚した。
(3) パブロ・カザルス、前掲書、p. 116。
(4) 1914年から1918年までのコルトーの活動については、フランソワ・アンセルミニ著「アルフレッド・コルトーと第1次世界大戦中のフランス人音楽家の動員(仮)」(『ヴァンティエーム・シエークル』誌、118号、2013年4-6月、pp. 147-157)を参照。
(5) ロバート・バルドック著『パブロ・カザルスの生涯』、ロンドン、

ヴィクター・ゴランツ出版、1992年、原書 p. 135（浅尾敦則訳、東京、筑摩書房、1994年）。

（６）　海外公演に飛び回っていたティボーとカザルスは（コルトーと同様）エコール・ノルマルで定期的に教壇に立つことは不可能だった。実際にはディラン・アレクザニアンがチェロ教室を、モーリス・アヨがヴァイオリン教室を指導した。ピアノ教室では複数のピアニストが、コルトーより与えられた指令を実施した。

（７）　パリの演奏会は1930年まで、ティボーの代理人だったアルチュール・ダンドロと共同で運営された。

（８）　ロバート・リー・イブスとジョン・ティレットが1906年に創業した音楽事務所、後に創業者の未亡人で「ウィグモア・ストリートの公爵夫人」の異名を取ったエミー・ティレットが経営した。

（９）　「フランス外務省、417 QO-35、スイス」を参照。

（10）　『ル・タン』紙、1932年５月24日、p. 1。

（11）　フレデリック・ガイズバーグ（1873〜1951）はピアニスト、録音技師、プロデューサーで、グラモフォン社に円筒式レコードの代わりに78回転の円盤式レコードを採用させた。

（12）　カザルスの個人的な友人であるアルベルト・パッシーリは1920年、作曲家イルデブランド・ピツェッティの支援を得て、アミーチ・デッラ・ムジカを設立した。フィレンツェ５月音楽祭の創設者の１人でもある。

（13）　コルトーの発言（インタビュー、『ル・モンド・ミュジカル』誌、1925年４月、p. 143）。

（14）　『ラ・ランプ』誌、1926年７月10日、p. 22。

（15）　フランス芸術活動協会が駐バーゼル・フランス総領事に宛てた書簡、1927年７月19日（フランス外務省、スイス、417 QO-35）。

（16）　同上。

（17）　国際演奏会事務所（AJT）が作成したコルトー＝ティボー＝カザルス・トリオの会計簿。労働者の平均年収は当時、8, 286フランだった（トマ・ピケティ、前掲書）。

（18）　『ル・モンド・ミュジカル』誌、1923年６月、p. 204。

（19）　『ラ・ルヴュ・デ・ドゥー・モンド』誌、1925年７月、p. 465。

（20）　『ザ・ストラッド』誌、1930年３月、タリー・ポッターが前掲記事で引用。

（21）　ティボーがアルチュール・ダンドロに宛てた手紙、1924年１月15

日、ティボー家所蔵史料（AJT）。

（22） ホセ・マリア・コレドール、前掲書、p. 249。

（23） ティボーがアルチュール・ダンドロに宛てた手紙、1924年１月15日、ティボー家所蔵史料（AJT）。

（24） この記念すべき夜会の話は、1926年７月11日の『レヴァンタイユ』誌に掲載された。

（25） ベルナール・ガヴォティ、前掲書、p. 106。

（26） 「コルトー＝ティボー＝カザルス」、『ランパール』紙、1933年５月12日。

第７章

（１） BIF-BG、仕事手帳、1906〜14年。購買力のユーロ・フラン換算器は2011年、フランス国立統計経済研究所が作成、同研究所のホームページで公開された（www.insee.fr/fr/themes/calcul-pouvoir-achat.asp）。時代をさかのぼるほどデータの信頼性が低下するとの注釈がある。もう一つ別の比較点として、トマ・ピケティ（前掲書、原書 p. 679）がフランス人労働者１人当たりの平均年収が1906年から1914年の間に、1, 210フランから1, 363フランに上昇したと記している。

（２） 日本銀行金融市場局が2012年１月４日に発表した参考計数「東京外為市場における取引状況（2011年中）」で示されたユーロ／円平均レート111. 06円を基準とする。ちなみに2021年の平均レートは１ユーロ＝129. 90円。

（３） トマ・ピケティの計算によると、フランス人労働者１人当たりの平均年収は当時8, 286フランだった（前掲書、原書 p. 679）。

（４） この気の利いた文句は、演奏会のポスターに記載されていた。

（５） ジャン＝リュック・タンゴーが自著『コルトー・ティボー・カザルス 夢のトリオの軌跡』（パリ、ジョゼット・リヨン出版、2000年／伊藤制子訳、東京、ヤマハミュージックメディア、2002年）で最初に作成したリストを未公開情報により補完。

（６） 1902年12月29日にパリで録音されたマスネ、フォーレ、サン＝サーンス、シューマン、ナープラヴニーク、ワーグナーの歌曲（Gramophone 33158）。フェリア・リトヴィンヌ（1860〜1936）、

本名フランソワーズ・ジャンヌ・シュッツは、コルトーが演出・指揮したワーグナーの楽劇『神々の黄昏』のフランス初演に出演した。

（7） ジャック・ティボーのディスコグラフィーはジェラルド・ドリューにより作成され、クリスチャン・グボー著の伝記（前掲書）に付録として掲載された。

（8） 標準的なピアノに合わせたエオリアン社の装置は、オルガンの送風システムから想を得ている。巧妙なバルブ装置によってニュアンスの再現を可能にしている。

（9） BIF-BG、仕事手帳、1919～20年。

（10） この商標はイギリスの動物画家フランシス・バラウドが描いた油彩画から生まれ、20世紀初頭にグラモフォン・カンパニーのマスコットキャラクターとなった。

（11） ロバート・バルドック、前掲書、pp. 107-108。

（12） 訳注：カタルーニャ語の名前はブライ・ネット・イ・スニェ（1887～1948）。

（13） 1912年築のキングスウェイ・ホールはロンドン中心部のホルボーン地区にあり、メソジスト教会の伝道団体が入居していた。1926年よりその卓越した音響で、録音に最適な会場として利用されるようになった。EMIは1926年、常設の電気録音設備を設置した。

（14） ダグラス・ラーターは1937年5月2日、イギリス国王ジョージ6世の戴冠式の録音を担当したエンジニア。

（15） DB 947/950（CR 533-I、CR 534-II、CR 535-I、CR 536-I、CR 537-II、CR 538-I、CR 539-I、CR 540-IA）。レコードのカタログ番号とマトリクス番号（括弧内）。以下同様。

（16） CR 541-I、CR 541-IA、CR 542-I、CR 542-IA、CR 543-I、CR 544-I、CR 544-IA、CR 545-I、CR 545-IA。

（17） 仏EMIレフェランス（歴史的録音復刻シリーズ）。

（18） CR 546-I、未発表。

（19） CR 547-IとCR 547-IA、未発表。

（20） タリー・ポッター著「偽りのスター・トリオ（仮）」、『クラシカル・レコーディングス・クオータリー』誌、70号、2012年、p. 8。

（21） DB 1072/1074（CR 1385-II、CR 1386-II、CR 1387-I、CR 1389-I、CR 1390-II、CR 1391-III、CR 1392-I、CR 1393-I）。訳注：マトリクス番号末尾のローマ数字はテイク数を表すので、本来ならば最低13テイク録音したことになる。

（22） DB 915/916（BR 1394-IIIA、BR 1395-I、BR 1396-IA、BR 1397-IA）。

（23） DA 895/896（BR 1381-IA、BR 1382-II、BR 1383-I、BR 1384-IIIA）。

（24） Cc 15003-I、Cc 15003-IA、Cc 15004-IA、Cc 15005-IA、Cc 15005-II、Cc 15005-IIA、Cc 15005-III、Cc 15005-IIIA。

（25） クイーンズ・ホールは1941年、ザ・ブリッツ（ロンドン大空襲）で投下された焼夷弾によって破壊された。小ホールは建物の最上階にあった。

（26） DB 1209/1212（Cc 14740-IIA、Cc 14741-I、Cc 14742-IA、Cc 14743-IA、Cc 14744-IIIA、Cc 14756-I、Cc 14757-V、Cc 14758-IIA）。

（27） DB 1223/1227（Cc 14758-IA、Cc 14760-I、Cc 14761-IIA、Cc 14762-IIA、Cc 14763-II、Cc 14764-IIIA、Cc 14765-IA、Cc 14766-II、Cc 14767-II、Cc 14768-VA）。COLH 29、次いでC051-00857（LPレコード番号）。

（28） アルフレッド・コルトー、『アニヴァーサリー・エディション レコーディングス1919-1959』、EMI Classics 50999 704907 2 5、CD40枚組。

（29） パテ＝マルコーニ所蔵史料。コルトーに師事したノルベール・ガムソンは、パリのパテ社でアートディレクターを務め、コルトーの後期の録音を監修した。

（30） アルフレッド・コルトーがピエール・ブルジョワに宛てた書簡、1960年３月28日（パテ＝マルコーニ所蔵史料）。

（31） カミーユ・モークレール著『音楽宗教（仮）』、パリ、リブレリー・フィシュバシェール、1907年（最終版1928年）。

（32） パブロ・カザルス、前掲書、p. 88。

（33） 同上。

（34） この回数は実際を大幅に下回る。本書著者の調査により、このピアノ三重奏曲の演奏回数は40回近くに上ることが判明した。

（35） ジャック・ロンシャン著『音楽日記1949-1995（仮）』、パリ、ラルマタン出版、2001年、p. 232。

第8章

（1） アルチュール・ダンドロ著『音楽院演奏会協会（1828～1923）（仮）』、パリ、ドラグラーヴ出版、1921年、pp. 154–155。
（2） モダンダンスの創始者であるアメリカ人舞踏家イサドラ・ダンカンの兄。
（3） フランス人ピアニスト、作曲家（1870～1946）。
（4）『ル・タン』紙、1907年12月3日、p. 3。
（5）『ムジカ』誌、1907年12月。
（6） BIF-BG、仕事手帳、1907年。
（7）『ラ・ガゼット・ド・ローザンヌ』紙、1908年3月31日（3月27日金曜日の演奏会について）。
（8）『ル・クーリエ・ミュジカル』誌、1926年7月15日-8月1日、p. 407。
（9）『ジル・ブラス』紙、1908年2月17日、p. 3。この記事の筆者はウィリー（別名アンリ・ゴーティエ＝ヴィラール）だろうか？
（10）『ル・メネストレル』誌、1908年2月22日、p. 60。文芸評論家・音楽学者ジョゼフ＝マルク・バイユベ（1925～2009）から『ル・メネストレル』の傷痍軍人の烙印を押されたアメデ・ブータレル（1855～1924）は、本人の意に反して、フランスにおけるブラームスの知名度向上に貢献した。
（11）『ル・モンド・ミュジカル』誌、1911年12月30日、p. 383。
（12） 同上。オーギュスト・マンジョ（1873～1940）は1919年にアルフレッド・コルトーとエコール・ノルマル・ド・ミュジックを創立、同校の機関誌『ル・モンド・ミュジカル』誌の編集長を務めた。
（13）『ジル・ブラス』紙、1911年12月21日、p. 5。
（14）『ル・モンド・アルティスト』誌、1912年6月1日。
（15）『ミュジカ』誌、1910年3月。
（16） 演奏会は1921年6月21日と24日、モガドール劇場で行われた。
（17）『ジュルナル・デ・デバ』紙、1922年6月23日、p. 3。
（18） 1925年6月20日、パリのガルニエ宮で開催された。
（19）『ル・クーリエ・ミュジカル』誌、1926年7月15日-8月1日、p. 407。
（20）『レヴァンタイユ』誌、1926年7月11日。
（21） 同上、1927年6月26日。

(22) 『グラモフォン』誌、1926年10月。
(23) 同上、1926年11月。
(24) 同上、1932年3月。
(25) 同上、1943年11月。
(26) 『ル・メネストレル』誌、第6号、1930年2月7日、pp. 57-59。
(27) 『グラモフォン』誌、1929年5月。

第9章

(1) カザルスがイブス・アンド・ティレット音楽事務所に宛てた手紙。1933年8月19日、ロバート・バルドックによる引用、前掲書、p. 136。
(2) フレデリック・ウィリアム・ガイズバーグ、「パウ・カザルス(仮)」、『グラモフォン』誌、1943年11月、p. 7。
(3) 現代出版資料研究所(IMEC)、ティボーとコルトーがイヴォンヌ・サルセに宛てた手紙、1936年8月7日と16日。
(4) フレデリック・ウィリアム・ガイズバーグ、前掲記事。
(5) パブロ・カザルス、前掲書、p. 144。
(6) フランス外務省、417QO-512、ドイツ1932-35年、フランス芸術活動協会のコルトーに関する文書、1933年9月6日と19日。
(7) MMM-AC、フルトヴェングラーがコルトーに宛てた手紙、1934年6月27日。
(8) BIF-BG、仕事手帳、1934年。
(9) マーラー音楽メディアテーク所蔵ジャック・ティボー文庫(MMM-JT)、カザルスがティボーに宛てた手紙、1939年1月24日。
(10) ロバート・バルドック、前掲書、p. 158。
(11) このエピソードについては、ジョアン・アラベドラ著『パウ・カザルス(仮)』(バルセロナ、アエドス出版、1962年、p. 336)と、ロバート・バルドックの前掲書p. 163を参照。
(12) ドイツによるフランス占領期のコルトーの関与については、ミリアム・シメーヌ著「アルフレッド・コルトーとヴィシー政府の音楽政策(仮)」(ミリアム・シメーヌ監修『ヴィシー政権下の音楽活動(仮)』、ブリュッセル、コンプレックス出版/フランス国立科学研究センター現代史研究所、「現代史」叢書、2001年、pp. 35-52)

と、フランソワ・アンセルミニ著「『我らが国民的・国際的コルトー』、政治に関与したアーティストのレパートリーと実践（仮）」（ミリアム・シメーヌ、ヤニック・シモン共同監修『占領下のパリにおける音楽（仮）』、パリ、ファヤール出版／シテ・ド・ラ・ミュジック、2013年、pp. 177-196）を参照。
（13）『パリザー・ツァイトゥング』紙、1942年12月11日、p. 5。
（14）アーヴィング・コロディン、前掲記事。
（15）パブロ・カザルス、前掲書、p. 171。
（16）同上、p. 88。
（17）フルニエは1908年生まれ、1937年にカザルスの後任としてエコール・ノルマル・ド・ミュジックの教授に就任。コルトーの後、占領期間中にドイツで演奏した唯一の音楽家。
（18）『ランフォルマシオン・ミュジカル』誌、1943年6月11日、p. 351、および1944年1月7日、p. 149。
（19）マーラー音楽メディアテーク所蔵イヴォンヌ・ルフェビュール文庫（MMM-YL）、パブロ・カザルスがイヴォンヌ・ルフェビュールに宛てた手紙、1944年11月20日。コルトーの愛弟子でピアニストのイヴォンヌ・ルフェビュールは、伴侶のフレッド・ゴルドベックが人種主義的法律により追われる身となったため、占領下のフランスで潜伏生活を余儀なくされた。コルトーは1944年末、彼女との関係修復を懇願した。赦しは最終的に与えられた。
（20）ユーディ・メニューイン著『果てしなき旅 メニューイン自伝』、パリ、ソイユ出版、1977年、原書 pp. 235-236／和田亘訳、東京、白水社、1979年。
（21）ルネ・コルトーがカザルスに宛てた手紙、1947年5月24日、ロバート・バルドックによる引用、前掲書、p. 136。
（22）同上、p. 175。
（23）アーヴィング・コロディン、前掲記事。
（24）MMM-AC、コルトーがマルト・モランジュに宛てた手紙、1953年10月2日。
（25）ERL 第8話。
（26）この追悼式への招待状は1953年の日付で、カザルスの私蔵資料の中にある（ANC 367-T-563）。
（27）MMM-AC、カザルスがコルトーに宛てた手紙、1955年3月4日。
（28）『グラモフォン』誌による引用、1957年10月、p. 25。

(29)　カザルスがコルトーに宛てた手紙、ロバート・バルドックによる引用、前掲書、p. 137。
(30)　演奏会の模様はラディオディフュジオン・ナシオナルによって録音されたが、2003年までリリースされることはなかった（Music & Arts CD-1113）。
(31)　ベルナール・ガヴォティ、前掲書、pp. 162-163。
(32)　同上。
(33)　『ランデパンダン』紙、1958年7月12日。

コルトー＝ティボー＝カザルス・トリオ
録音一覧

ルートヴィヒ・ヴァン・ベートーヴェン（1770〜1827）

・ピアノ三重奏曲第７番変ロ長調 作品97『大公』
　1928年11月19日、12月３日録音、ロンドン、クイーンズ・ホール、スタジオＣ

・ヴェンツェル・ミュラーの歌劇『プラハの姉妹』からリート『私は仕立て屋カカドゥ』による『変奏曲ト長調』作品121a
　1926年７月６日録音、ロンドン、キングスウェイ・ホール

ヨハネス・ブラームス（1833〜1897）

・ヴァイオリンとチェロのための二重協奏曲イ短調 作品102
　パウ・カザルス管弦楽団、アルフレッド・コルトー（指揮）
　1929年５月10日、11日録音、バルセロナ

ヨーゼフ・ハイドン（1732〜1809）

・ピアノ三重奏曲第39番ト長調 Hob.XV-25
　1927年６月20日録音、ロンドン、キングスウェイ・ホール

フェリックス・メンデルスゾーン（1809〜1847）

・ピアノ三重奏曲第１番ニ短調 作品49
　1927年６月20日、21日録音、ロンドン、大クイーンズ・ホール

フランツ・シューベルト（1797〜1828）

・ピアノ三重奏曲第１番変ロ長調 D. 898
1926年７月５日、６日録音、ロンドン、キングスウェイ・ホール

ロベルト・シューマン（1810〜1856）

・ピアノ三重奏曲第１番ニ短調 作品63
　1928年11月15日、18日、12月３日録音、ロンドン、小クイーンズ・ホール

出典

図書館・公文書館

カタルーニャ国立公文書館

・パウ・カザルス文庫、ANC 1-367

フランス外務省（MAE）文書館

・フランス対外活動部、417 QO

フランス国立図書館（BnF）、音楽部門

・モンパンシエ文庫（フランス芸術活動協会—AFAA 関連史料）、「コルトー＝ティボー＝カザルス・トリオ」と「アルフレッド・コルトー」に関する史料

・ガブリエル・アストリュック宛てジャック・ティボー書簡集、NLA 256

フランス学士院図書館

・ベルナール・ガヴォティ文庫、Ms 8359（BIF-BG）、ラジオ・ローザンヌのインタビュー、1953年（ERL）、アルフレッド・コルトーの仕事手帳（1907〜58年）

現代出版資料研究所（IMEC）

・政治・文学年報文庫

マーラー音楽メディアテーク（MMM）

・アルフレッド・コルトー文庫、書簡集（MMM-AC）

・ジャック・ティボー文庫（MMM-JT）

・イヴォンヌ・ルフェビュール文庫（MMM-YL）

音楽団体所蔵史料

フランクフルト・ムゼウム協会

アミーチ・デッラ・ムジカ、フィレンツェ

エコール・ノルマル・ド・ミュジック、パリ

パレ・デ・ボザール、ブリュッセル

パテ＝マルコーニ社、パリ

シャンゼリゼ劇場、パリ

私蔵史料

コルトー家所蔵史料（AAC）

ティボー家所蔵史料（AJT）
マリヴォンヌ・ケンデルジによるアルフレッド・コルトーのインタビュー、1960年

新聞・雑誌（参照した主な定期刊行物）

Classical Recordings Quarterly　クラシカル・レコーディングス・クオータリー
Le Courrier musical　ル・クーリエ・ミュジカル
La Epoca　ラ・エポカ
L'Éventail　レヴァンタイユ
Le Figaro　ル・フィガロ
Le Gaulois　ル・ゴロワ
La Gazette de Lausanne　ラ・ガゼット・ド・ローザンヌ
Gil Blas　ジル・ブラス
The Gramophone　ザ・グラモフォン
Le Guide du concert　ル・ギッド・デュ・コンセール
L'Information musicale　ランフォルマシオン・ミュジカル
L'Intransigeant　ラントランジジャン
Le Journal de Genève　ル・ジュルナル・ド・ジュネーヴ
Journal des débats　ジュルナル・デ・デバ
Le Ménestrel　ル・メネストレル
Le Monde artiste　ル・モンド・アルティスト
Le Monde musical　ル・モンド・ミュジカル
Musica　ミュジカ
The New York Sun　ザ・ニューヨーク・サン
La Rampe　ラ・ランプ
Rempart　ランパール
La Revue des Deux Mondes　ラ・ルヴュ・デ・ドゥー・モンド
La Revue française de musique　ラ・ルヴュ・フランセーズ・ド・ミュジック
The Strad　ザ・ストラッド
Le Temps　ル・タン
La Vanguardia　ラ・バングアルディア

トリオ演奏会年表

前期（1906年～13年）

日付	場所／会場	主な曲目
1906年		
5月25日	パリ／サル・プレイエル	シューマン　ピアノ三重奏曲第1番ニ短調 作品63
12月18日	パリ／サル・デ・ザグリキュルトゥール	シューベルト　ピアノ三重奏曲第1番変ロ長調 D. 898 ブラームス　ピアノ三重奏曲第3番ハ短調 作品101 フランク　ピアノ三重奏曲第1番嬰ヘ短調 作品1-1
1907年		
2月	ブリュッセル	ブラームス　ピアノ三重奏曲第3番ハ短調 作品101 フランク　ピアノ三重奏曲第1番嬰ヘ短調 作品1-1 ハイドン　ピアノ三重奏曲第39番ト長調 Hob.XV-25
〃	〃	不詳
〃	〃	〃
	アントウェルペン	ハイドン　ピアノ三重奏曲第39番ト長調 Hob.XV-25 シューマン　ピアノ三重奏曲第1番ニ短調 作品63 フランク　ピアノ三重奏曲第第1番嬰ヘ短調 作品1-1
4月	リール アンジェ トゥール ボルドー マルセイユ	〃
5月6日	リヨン／サル・ベルクール	〃
5月	ナント ルーアン ル・アーヴル	〃

その他の曲目　○共演者・共演団体	注記
シューマン　謝肉祭 作品9／交響的練習曲 作品13／子供の情景 作品15	コルトーの「ロマン派演奏会」の一環
	パリ・フィラルモニック協会主催
	セルクル・アルティスティック主催、弦楽三重奏の歴史に関する講演会併催
	「ヌーヴォー・コンセール」主催
J. S. バッハ　ヴァイオリン・ソナタ／チェロ組曲 W. F. バッハ　オルガン協奏曲のピアノ編曲版	ポール・ボケル主催の巡回公演
	〃
J. S. バッハ　ヴァイオリン・ソナタ／チェロ組曲 W. F. バッハ　オルガン協奏曲のピアノ編曲版	〃

日付	場所／会場	主な曲目
6月初め	パリ／ジェイムス・ド・ケルジェギュのサロン	**メンデルスゾーン**　ピアノ三重奏曲第1番ニ短調 作品49 **ハイドン**　ピアノ三重奏曲第39番ト長調 Hob.XV-25 **サン＝サーンス**　ピアノ三重奏曲第1番ヘ長調 作品18
6月6日	パリ／サル・デ・ザグリキュルトゥール	「古典派ピアノ・トリオ」 **ハイドン**　ピアノ三重奏曲第39番ト長調 Hob.XV-25 **モーツァルト**　ピアノ三重奏曲ホ長調 K. 542 **ベートーヴェン**　ピアノ三重奏曲第7番変ロ長調 作品97『大公』
6月10日	〃	「ロマン派ピアノ・トリオ」 **シューベルト**　ピアノ三重奏曲第1番変ロ長調 D. 898 **シューマン**　ピアノ三重奏曲第1番ニ短調 作品63 **メンデルスゾーン**　ピアノ三重奏曲第1番ニ短調 作品49
6月14日	〃	「近代ピアノ・トリオ」 **ブラームス**　ピアノ三重奏曲第3番ハ短調 作品101 **フランク**　ピアノ三重奏曲第1番嬰ヘ短調 作品1-1 **サン＝サーンス**　ピアノ三重奏曲第1番ヘ長調 作品18
11月5日	パリ／サル・ガヴォー	**ベートーヴェン**　ピアノ三重奏曲第1番変ホ長調 作品1-1／創作主題による14の変奏曲変ホ長調 作品44／ピアノ三重奏曲第5番ニ長調 作品70-1
11月8日	〃	**ベートーヴェン**　ピアノ三重奏曲第2番ト長調 作品1-2／ピアノ三重奏曲第4番変ロ長調 作品11／『私は仕立て屋カカドゥ』の主題による変奏曲ト長調 作品121a／ピアノ三重奏曲第6番変ホ長調 作品70-2
11月12日	〃	**ベートーヴェン**　ピアノ三重奏曲第3番ハ短調 作品1-3／ピアノ三重奏曲変ホ長調 作品63／ピアノ三重奏曲第7番変ロ長調 作品97『大公』
11月28日	モントルー	**モール**　ピアノ、ヴァイオリンとチェロのための三重協奏曲ニ短調 作品70
1908年		
2月16日	パリ／シャトレ劇場	**ブラームス**　ヴァイオリンとチェロのための二重協奏曲イ短調 作品102

その他の曲目　○共演者・共演団体	注記
プッチーニとヴェルディのオペラ・アリア シューベルトのリート ○ゼルマ・クルツ（ソプラノ）	J. ド・ケルジェギュ国民議会議員主催の私的夜会
	G. アストリュックのソシエテ・ミュジカル主催
	〃
	〃
	パリ・フィラルモニック協会
	〃
	〃
○スイス・ロマンド管弦楽団 ○エルネスト・アンセルメ（指揮）	世界初演
ダンディ　歌劇『フェルヴォル』より前奏曲 **ワーグナー**　歌劇『ローエングリーン』より第 3	コンセール・コロンヌ主催

日付	場所／会場	主な曲目
		ベートーヴェン　ピアノ、ヴァイオリンとチェロのための三重協奏曲ハ長調 作品56
2月24日	**ルーアン**	不詳
2月25日	**ルーアン／シャノワーヌ＝ダヴランシュ家のサロン**	**ベートーヴェン**　ピアノ三重奏曲第7番変ロ長調 作品97『大公』
2月28日	**パリ／サル・ガヴォー**	**モール**　ピアノ、ヴァイオリンとチェロのための三重協奏曲ニ短調 作品70
3月7日	**ブリュッセル／サル・パトリア**	**ベートーヴェン**　ピアノ、ヴァイオリンとチェロのための三重協奏曲ハ長調 作品56 **ブラームス**　ヴァイオリンとチェロのための二重協奏曲イ短調 作品102
3月8日	〃	〃
3月11日	**アントウェルペン**	不詳
3月18日	**ミュルーズ**	〃
3月20日	**ボローニャ**	〃
3月21日	〃	〃
3月22日	**ミラノ**	**ハイドン**　ピアノ三重奏曲第39番ト長調 Hob.XV-25 **シューマン**　ピアノ三重奏曲第1番ニ短調 作品63
3月24日	〃	**シューベルト**　ピアノ三重奏曲第1番変ロ長調 D. 898 **ベートーヴェン**　ピアノ三重奏曲第7番変ロ長調 作品97『大公』
3月26日	**ラ・ショー＝ド＝フォン（またはヌーシャテル）**	
3月27日	**ローザンヌ**	**ベートーヴェン**　ピアノ、ヴァイオリンとチェロのための三重協奏曲ハ長調 作品56 **モール**　ピアノ、ヴァイオリンとチェロのための三重協奏曲ニ短調 作品70

その他の曲目　○共演者・共演団体	注記
幕への前奏曲 ○エドゥアール・コロンヌと彼の管弦楽団	
○リナ・パカリ ○ R. シャノワーヌ＝ダヴランシュ	私的演奏会
ブラームス　交響曲第 3 番 **ドヴォルザーク**　チェロ協奏曲 ○ギレルミナ・スッジア（チェロ） ○ルイ・アッセルマン（指揮） ○ラムルー管弦楽団	
○ウジェーヌ・イザイと彼の管弦楽団	コンセール＝イザイ主催
〃	〃
ベートーヴェン　ピアノとチェロのためのソナタ第 3 番イ長調 作品69	G. ヴェルディ音楽院でソシエタ・デル・クァルテットが主催
フランク　ピアノとヴァイオリンのためのソナタ	〃
ベートーヴェン　序曲『コリオラン』 **ブラームス**　大学祝典序曲 ○アレクサンドル・ビルンボーム（指揮） ○ローザンヌ交響楽団	

日付	場所／会場	主な曲目
3月28日	ジュネーヴ／サル・ド・ラ・レフォルマシオン	〃
3月30日	ヴヴェイ	不詳
4月	ル・マン ル・アーヴル ナンシー ランス	ベートーヴェン　ピアノ三重奏曲第7番変ロ長調 作品97『大公』 メンデルスゾーン　ピアノ三重奏曲第1番ニ短調 作品49
4月10日	リヨン／オテル・ド・ラ・シャンソン	〃
4月	ディジョン	〃
〃	マルセイユ	〃
4月21日	マドリード	不詳
4月23日	〃	〃
4月25日	〃	〃
5月	リール ボルドー	〃
5月13日	パリ／サル・デ・ザグリキュルトゥール	コレッリ　トリオ・ソナタ ブラームス　ピアノ三重奏曲第3番ハ短調 作品101 ベートーヴェン　『私は仕立て屋カカドゥ』の主題による変奏曲ト長調 作品121a サン＝サーンス　ピアノ三重奏曲第2番ホ短調 作品92
5月16日	〃	シューマン　ピアノ三重奏曲全3曲
5月19日	〃	ラモー　コンセール用クラヴサン曲集から『おしゃべり』 ベートーヴェン　ピアノ三重奏曲第2番ト長調 作品1-2 メンデルスゾーン　ピアノ三重奏曲第2番ハ短調 作品66 ドヴォルザーク　ピアノ三重奏曲第4番ホ短調 作品90『ドゥムキー』

その他の曲目　○共演者・共演団体	注記
ベートーヴェン　序曲『レオノーレ』 **ブラームス**　大学祝典序曲 ○アレクサンドル・ビルンボーム（指揮） ○ローザンヌ交響楽団	
フランク　ピアノとヴァイオリンのためのソナタ **ベートーヴェン**　ピアノとチェロのためのソナタ第３番イ長調 作品69	ポール・ボケル主催の巡回公演
〃	〃
〃	〃
	〃
	ボケル主催の巡回公演の続き
	当初予定されたラロのピアノ三重奏曲が、サン゠サーンスの楽曲に差し替えられた。G. アストリュックのソシエテ・ミュジカル主催

日付	場所／会場	主な曲目
1909年		
1月11日	アントウェルペン	不詳
1月12日	ブリュッセル	ベートーヴェン　ピアノ三重奏曲第1番変ホ長調 作品1-1／創作主題による14の変奏曲変ホ長調 作品44／ピアノ三重奏曲第5番ニ長調 作品70-1
1月13日	〃	ベートーヴェン　ピアノ三重奏曲第2番ト長調 作品1-2／ピアノ三重奏曲第4番変ロ長調 作品11／『私は仕立て屋カカドゥ』の主題による変奏曲ト長調 作品121a／ピアノ三重奏曲第6番変ホ長調 作品70-2
1月14日	〃	ベートーヴェン　ピアノ三重奏曲第3番ハ短調 作品1-3／ピアノ三重奏曲変ホ長調 作品63／ピアノ三重奏曲第7番変ロ長調 作品97『大公』
1月17日	ブリュッセル／サル・パトリア	ベートーヴェン　ピアノ、ヴァイオリンとチェロのための三重協奏曲ハ長調 作品56 ブラームス　ヴァイオリンとチェロのための二重協奏曲イ短調 作品102
3月10日	リエージュ	不詳
3月11日	ブリュッセル／サル・パトリア	ハイドン　ピアノ三重奏曲第39番ト長調 Hob.XV-25 シューマン　ピアノ三重奏曲第1番ニ短調 作品63 ベートーヴェン　ピアノ三重奏曲第6番変ホ長調 作品70-2
3月12日	フランクフルト／ムゼウム小ホール	ハイドン　ピアノ三重奏曲第39番ト長調 Hob.XV-25 シューマン　ピアノ三重奏曲第1番ニ短調 作品63 フランク　ピアノ三重奏曲第1番嬰ヘ短調 作品1-1
4月	ニース	不詳
4月13日	セビリア	〃
4月14日	マドリード	コレッリ　トリオ・ソナタ シューベルト　ピアノ三重奏曲第1番変ロ長調 D. 898 フランク　ピアノ三重奏曲第1番嬰ヘ短調 作品1-1
4月16日	〃	シューマン　ピアノ三重奏曲全3曲
4月20日	〃	ラモー　コンセール用クラヴサン曲集から『おしゃべり』 ベートーヴェン　ピアノ三重奏曲第2番ト長調 作品1-2

その他の曲目　○共演者・共演団体	注記
	セルクル・アルティスティック主催
	〃
	〃
W. F. バッハ　オルガン協奏曲のピアノ編曲版 **フランク**　交響詩『プシュケ』 **ワーグナー**　森のささやき／歌劇『さまよえるオランダ人』序曲 ○ウジェーヌ・イザイと彼の管弦楽団	コンセール＝イザイ
	ムゼウム協会主催

日付	場所／会場	主な曲目
		メンデルスゾーン　ピアノ三重奏曲第２番ハ短調 作品66 ドヴォルザーク　ピアノ三重奏曲第４番ホ短調 作品90『ドゥムキー』
４月21日	オビエド	不詳
４月22日	〃	〃
４月24日	ヒホン	〃
４月25日	〃	〃
４月末	ア・コルーニャ バイヨンヌ	〃
５月	マルセイユ	シューベルト　ピアノ三重奏曲第１番変ロ長調 D. 898 ベートーヴェン　ピアノ三重奏曲第６番変ホ長調 作品70-2
〃	リヨン／サル・ラモー	〃
〃	ル・アーヴル ナント アンジェ リール ナンシー ミュルーズ	ベートーヴェン　ピアノ三重奏曲第６番変ホ長調 作品70-2 メンデルスゾーン　ピアノ三重奏曲第１番ニ短調 作品49
５月14日	パリ／サル・デ・ザグリキュルトゥール	シューマン　ピアノ三重奏曲全３曲
５月18日		ベートーヴェン　ピアノ三重奏曲第６番変ホ長調 作品70-2／『私は仕立て屋カカドゥ』の主題による変奏曲ト長調 作品121a／ピアノ三重奏曲第７番変ロ長調 作品97『大公』
６月15日	パリ／サル・プレイエル	モール　ピアノ三重奏曲ハ長調 作品81

その他の曲目　○共演者・共演団体	注記
ベートーヴェン　ピアノとヴァイオリンのためのソナタ第９番イ長調 作品47『クロイツェル』 **グリーグ**　チェロとピアノのためのソナタ イ短調	ボール・ボケル主催の巡回公演
	〃
フランク　ピアノとヴァイオリンのためのソナタ **ベートーヴェン**　ピアノとチェロのためのソナタ第３番イ長調 作品69	〃
	トリオの新代理人 A. ダンドロ主催
	〃
モール　４つのチェロのための組曲／ピアノのための10のスケッチ／ピアノとチェロのためのソナタ ○アンドレ・エキング（チェロ） ○アンドレ・サルモン（チェロ） ○ディラン・アレクサニアン（チェロ） ○モーリス・デュメニル（ピアノ）	ギュスターヴ・リヨン主催のモール音楽祭。ピアノ三重奏曲の世界初演

日付	場所／会場	主な曲目
1910年		
3月5日	ヘント	不詳
3月7日	ブリュッセル／サル・パトリア	シューマン　ピアノ三重奏曲全3曲
3月8日	パリ／サル・ガヴォー	〃
3月9日	リエージュ	ベートーヴェン　ピアノ、ヴァイオリンとチェロのための三重協奏曲ハ長調 作品56 ブラームス　ヴァイオリンとチェロのための二重協奏曲イ短調 作品102
3月11日	フランクフルト／ムゼウム小ホール	シューベルト　ピアノ三重奏曲第1番変ロ長調 D. 898 ドヴォルザーク　ピアノ三重奏曲第4番ホ短調 作品90『ドゥムキー』 ベートーヴェン　ピアノ三重奏曲第6番変ホ長調 作品70-2
3月14日	ヌーシャテル	シューベルト　ピアノ三重奏曲第1番変ロ長調 D. 898 シューマン　ピアノ三重奏曲第3番ト短調 作品110 ベートーヴェン　ピアノ三重奏曲第6番変ホ長調 作品70-2
4月6日	ニース	不詳
4月8日	〃	ハイドン　ピアノ三重奏曲第39番ト長調 Hob.XV-25 シューマン　ピアノ三重奏曲第3番ト短調 作品110
4月13日	ル・マン	〃
4月15日	リール	〃
4月17日	マルセイユ	〃
4月19日	リヨン／サル・ラモー	〃
4月20日	グルノーブル	〃
4月21日	ディジョン	〃
4月25日	ル・アーヴル	〃
4月28日	ミュルーズ	〃

その他の曲目　○共演者・共演団体	注記
○E. モール（ピアノ）	
	コンセール＝イザイ主催
	パリ・フィラルモニック協会
	王立音楽院祝祭ホール
	ムゼウム協会
メンデルスゾーン　ピアノとヴァイオリンのためのソナタ **ベートーヴェン**　ピアノとヴァイオリンのためのソナタ	
〃	ポール・ボケル主催の巡回公演
〃	〃
	〃
メンデルスゾーン　ピアノとヴァイオリンのためのソナタ **ヴィトコフスキー**　ピアノとヴァイオリンのためのソナタ	〃
メンデルスゾーン　ピアノとヴァイオリンのためのソナタ **ベートーヴェン**　ピアノとヴァイオリンのためのソナタ	〃
	〃
	〃
	〃

日付	場所／会場	主な曲目
4月29日	ストラスブール	〃
4月30日	ベルフォール	〃
5月24日	パリ／サル・デ・ザグリキュルトゥール	ハイドン　ピアノ三重奏曲第39番ト長調 Hob.XV-25 ベートーヴェン　ピアノ三重奏曲第5番ニ長調 作品70-1／創作主題による14の変奏曲変ホ長調 作品44 シューベルト　ピアノ三重奏曲第1番変ロ長調 D. 898
5月27日	〃	シューマン　ピアノ三重奏曲第3番ト短調 作品110 ブラームス　ピアノ三重奏曲第2番ハ長調 作品87 モーツァルト　ピアノ三重奏曲ト長調 K. 564 ベートーヴェン　25のスコットランドの歌 作品108
5月31日	〃	シューベルト　ピアノ三重奏曲第2番変ホ長調 D. 929 シューマン　ピアノ三重奏曲第2番ヘ長調 作品80 ベートーヴェン　ピアノ三重奏曲第6番変ホ長調 作品70-2
夏	スヘフェニンゲン	不詳
11月4日	フランクフルト／ムゼウム小ホール	ブラームス　ピアノ三重奏曲第2番ハ長調 作品87 シューマン　ピアノ三重奏曲第3番ト短調 作品110 ベートーヴェン　ピアノ三重奏曲第5番ニ長調 作品70-1
年末	ミュルーズ	不詳
1911年		
4月21日	デン・ハーグ	〃
5月19日	パリ／サル・ガヴォー	ハイドン　ピアノ三重奏曲第39番ト長調 Hob.XV-25 ベートーヴェン　ピアノ三重奏曲第6番変ホ長調 作品70-2 シューマン　ピアノ三重奏曲第3番ト短調 作品110
10月23日	フランクフルト／ムゼウム大ホール	モーツァルト　ピアノ三重奏曲ホ長調 K. 542 ベートーヴェン　ピアノ三重奏曲第7番変ロ長調 作品97『大公』 サン＝サーンス　ピアノ三重奏曲第1番ヘ長調 作品18
12月19日	パリ／サル・ガヴォー	シューベルト　ピアノ三重奏曲第1番変ロ長調 D. 898 ベートーヴェン　ピアノ三重奏曲第7番変ロ長調 作品97『大公』

その他の曲目　○共演者・共演団体	注記
	〃
	〃
○ポヴラ・フリーシュ（ソプラノ）	
	2回開催
	ムゼウム協会主催
	ベートーヴェン全曲演奏会の一環
	パリ・フィラルモニック協会主催
	ムゼウム協会主催
モーツァルト　ピアノとヴァイオリンのためのソナタハ長調 **ベートーヴェン**　『魔笛』の主題による12の変奏曲ヘ長調作品66	パリ・フィラルモニック協会主催

日付	場所／会場	主な曲目
1912年		
5月10日	パリ／サル・ガヴォー	ブラームス　ヴァイオリンとチェロのための二重協奏曲イ短調 作品102
5月24日	〃	ベートーヴェン　ピアノ三重奏曲第5番ニ長調 作品70-1／ピアノ三重奏曲第6番変ホ長調 作品70-2／ピアノ三重奏曲第7番変ロ長調 作品97『大公』
5月31日	〃	シューマン　ピアノ三重奏曲全3曲
1913年		
1月28日	パリ／サル・ガヴォー	ベートーヴェン　ピアノ三重奏曲第3番ハ短調 作品1-3 ハイドン　ピアノ三重奏曲第39番ト長調 Hob.XV-25
3月12日	〃	シューマン　ピアノ三重奏曲第3番ト短調 作品110 メンデルスゾーン　ピアノ三重奏曲第1番ニ短調 作品49
10月28日	〃	ブラームス　ピアノ三重奏曲第1番ロ長調 作品8 ベートーヴェン　ピアノ三重奏曲第5番ニ長調 作品70-1 サン＝サーンス　ピアノ三重奏曲第1番ヘ長調 作品18
11月7日	フランクフルト／ムゼウム大ホール	ブラームス　ピアノ三重奏曲第1番ロ長調 作品8 ベートーヴェン　ピアノ三重奏曲第5番ニ長調 作品70-1 チャイコフスキー　ピアノ三重奏曲イ短調 作品50『偉大な芸術家の思い出に』

後期（1921年～34年）

日付	場所／会場	主な曲目
1921年		
6月30日	パリ／モガドール劇場	ベートーヴェン　ピアノ三重奏曲第6番変ホ長調 作品70-2 ラヴェル　ピアノ三重奏曲イ短調 シューマン　ピアノ三重奏曲第3番ト短調 作品110
1922年		
6月7日	バルセロナ／カタルーニャ音楽堂	シューベルト　ピアノ三重奏曲第1番変ロ長調 D. 898 ブラームス　ピアノ三重奏曲第3番ハ短調 作品101

その他の曲目　○共演者・共演団体	注記
モーツァルト（伝）　ヴァイオリン協奏曲変ホ長調 **ブルッフ**　スコットランド幻想曲 ○アッセルマン管弦楽団	全演目を指揮する予定だったルイ・アッセルマンに代わって、コルトーが二重協奏曲でタクトを振った
	パリ・セルクル・ミュジカル主催
	〃
ルクー　ピアノとヴァイオリンのためのソナタ	パリ・フィラルモニック協会主催
ベートーヴェン　ピアノとチェロのためのソナタ第５番ニ長調 作品102-2	〃
	〃
	ムゼウム協会主催

その他の曲目　○共演者・共演団体	注記
ベートーヴェン　ピアノとヴァイオリンのためのソナタ第９番イ長調 作品47『クロイツェル』	

日付	場所／会場	主な曲目
6月9日	〃	ベートーヴェン　ピアノ三重奏曲第6番変ホ長調 作品70-2 シューマン　ピアノ三重奏曲第3番ト短調 作品110
7月1日	パリ／モガドール劇場	シューベルト　ピアノ三重奏曲第1番変ロ長調 D. 898 ベートーヴェン　ピアノ三重奏曲第5番ニ長調 作品70-1 シューマン　ピアノ三重奏曲第3番ト短調 作品110
7月3日	〃	メンデルスゾーン　ピアノ三重奏曲第1番ニ短調 作品49 ベートーヴェン　ピアノ三重奏曲第6番変ホ長調 作品70-2 シューマン　ピアノ三重奏曲第1番ニ短調 作品63
1923年		
6月21日	パリ／エコール・ノルマル・ド・ミュジック	フォーレ　ピアノ三重奏曲ニ短調 作品120
6月27日	パリ／シャンゼリゼ劇場	ブラームス　ピアノ三重奏曲第3番ハ短調 作品101 ラヴェル　ピアノ三重奏曲イ短調 ベートーヴェン　ピアノ三重奏曲第7番変ロ長調 作品97『大公』
6月29日	〃	フランク　ピアノ三重奏曲第1番嬰へ短調 作品1-1 フォーレ　ピアノ三重奏曲ニ短調 作品120 シューマン　ピアノ三重奏曲第3番ト短調 作品110
1924年		
5月24日	パリ／シャンゼリゼ劇場	ブラームス　ヴァイオリンとチェロのための二重協奏曲イ短調 作品102
6月21日	パリ／モガドール劇場	シューベルト　ピアノ三重奏曲第1番変ロ長調 D. 898 メンデルスゾーン　ピアノ三重奏曲第2番ハ短調 作品66 ベートーヴェン　ピアノ三重奏曲第7番変ロ長調 作品97『大公』
6月24日	〃	ベートーヴェン　創作主題による14の変奏曲変ホ長調 作品44 フランク　ピアノ三重奏曲第1番嬰へ短調 作品1-1 ハイドン　ピアノ三重奏曲第39番ト長調 Hob.XV-25 ラヴェル　ピアノ三重奏曲イ短調

その他の曲目　○共演者・共演団体	注記
ブラームス　チェロとピアノのためのソナタ第２番 ヘ長調 作品99	
	G. フォーレ立ち合いのもとの公開稽古
ベートーヴェン　序曲『コリオラン』 **シューベルト**　未完成交響曲 **ファリャ**　はかない人生 **ドビュッシー**　ジグ **カザルス**　サルダーナ ○カザルス管弦楽団	第８回夏季オリンピック競技大会の大芸術祭の一環

日付	場所／会場	主な曲目
6月26日	〃	シューマン　ピアノ三重奏曲全3曲
1925年		
6月20日	パリ／オペラ・ガルニエ	ベートーヴェン　ピアノ三重奏曲第7番変ロ長調 作品97『大公』 フォーレ　ピアノ三重奏曲ニ短調 作品120 シューマン　ピアノ三重奏曲第3番ト短調 作品110
6月25日	〃	メンデルスゾーン　ピアノ三重奏曲第1番ニ短調 作品49 シューベルト　ピアノ三重奏曲第1番変ロ長調 D. 898 ベートーヴェン　ピアノ三重奏曲第5番ニ長調 作品70-1
11月18日	バーミンガム	シューベルト　ピアノ三重奏曲第1番変ロ長調 D. 898 ベートーヴェン　ピアノ三重奏曲第7番変ロ長調 作品97『大公』 シューマン　ピアノ三重奏曲第1番ニ短調 作品63
11月20日	ブラッドフォード	〃
11月21日	リヴァプール	〃
11月22日	ロンドン／パラディアム	〃
11月26日	グラスゴー／タウン・ホール	〃
11月28日	エディンバラ／アッシャー・ホール	〃
1926年		
6月29日	パリ／オペラ・ガルニエ	ベートーヴェン　ピアノ三重奏曲第6番変ホ長調 作品70-2 シューマン　ピアノ三重奏曲第1番ニ短調 作品63 メンデルスゾーン　ピアノ三重奏曲第2番ハ短調 作品66
7月1日	〃	シューマン　ピアノ三重奏曲第3番ト短調 作品110 ラヴェル　ピアノ三重奏曲イ短調 フランク　ピアノ三重奏曲第1番嬰ヘ短調 作品1-1
7月5日	ブリュッセル／モネ劇場	ベートーヴェン　ピアノ三重奏曲第7番変ロ長調 作品97『大公』 シューマン　ピアノ三重奏曲第3番ト短調 作品110 シューベルト　ピアノ三重奏曲第1番変ロ長調 D. 898

その他の曲目　○共演者・共演団体	注記
	前年11月にオペラ座でリサイタルを敢行したフリッツ・クライスラーに倣って、トリオも公演を決定
	〃
	マックス・モーセル・コンサーツ主催の巡回公演
ショパン　葬送行進曲	アレクサンドラ王太后の崩御に際し、コルトーが葬送行進曲を演奏
	マリー＝ジョゼ王女（後のイタリア王妃）が臨席

日付	場所／会場	主な曲目
7月6日	ブリュッセル／アランブラ劇場	ベートーヴェン　ピアノ三重奏曲第6番変ホ長調 作品70-2 シューマン　ピアノ三重奏曲第1番ニ短調 作品63 メンデルスゾーン　ピアノ三重奏曲第2番ハ短調 作品66
1927年		
4月9日	ローザンヌ	ベートーヴェン　ピアノ三重奏曲第7番変ロ長調 作品97『大公』 シューマン　ピアノ三重奏曲第1番ニ短調 作品63 シューベルト　ピアノ三重奏曲第1番変ロ長調 D. 898
4月10日	ヴヴェイ／カジノ・デュ・リヴァージュ	〃
4月11日	ジュネーヴ／ヴィクトリア・ホール	〃
4月17日	バルセロナ／カタルーニャ音楽堂	ベートーヴェン　ピアノ三重奏曲第3番ハ短調 作品1-3／ピアノ三重奏曲第5番ニ長調 作品70-1／ピアノ三重奏曲第7番変ロ長調 作品97『大公』
4月19日	〃	ベートーヴェン　ピアノ、ヴァイオリンとチェロのための三重協奏曲ハ長調 作品56
6月19日	ロンドン／パラディアム	ハイドン　ピアノ三重奏曲第39番ト長調 Hob.XV-25 ベートーヴェン　ピアノ三重奏曲第6番変ホ長調 作品70-2 メンデルスゾーン　ピアノ三重奏曲第1番ニ短調 作品49
6月25日	ブリュッセル／モネ劇場	〃
6月28日	パリ／オペラ・ガルニエ	ベートーヴェン　ピアノ三重奏曲第5番ニ長調 作品70-1／ピアノ三重奏曲第7番変ロ長調 作品97『大公』／ピアノ、ヴァイオリンとチェロのための三重協奏曲ハ長調 作品56
6月30日	〃	ハイドン　ピアノ三重奏曲第39番ト長調 Hob.XV-25 シューベルト　ピアノ三重奏曲第1番変ロ長調 D. 898 シューマン　ピアノ三重奏曲第2番ヘ長調 作品80
7月1日	ブリュッセル	不詳

その他の曲目　○共演者・共演団体	注記
	アンリ・ジョヴァンナ主催の巡回公演
	芸術協会主催
	ベートーヴェン没後100周年記念の一環
ベートーヴェン　交響曲第１番／交響曲第３番 ○E. イザイ、カザルス管弦楽団	〃
	イブス・アンド・ティレット主催
	コンセール＝イザイの一環。エリザベート王妃、マリー＝ジョゼ王女が臨席
○エコール・ノルマル・ド・ミュジック管弦楽団 ○ディラン・アレクサニアン	ベートーヴェン没後100周年記念の一環
	本演奏会の有無は不明

日付	場所／会場	主な曲目
1928年		
11月15日以降	ケンブリッジ バーミンガム ブライトン ベルファスト ダブリン	シューベルト　ピアノ三重奏曲第1番変ロ長調 D. 898 ハイドン　ピアノ三重奏曲第39番ト長調 Hob.XV-25 メンデルスゾーン　ピアノ三重奏曲第1番ニ短調 作品49
11月26日	ダンディー／ケアード・ホール	〃
11月28日	グラスゴー／タウン・ホール	〃
11月末または12月初め	エディンバラ スターリング マンチェスター オックスフォード ノリッジ	〃
12月6日	ブリストル／コルストン・ホール	〃
12月9日	ロンドン／アルバート・ホール	ベートーヴェン　ピアノ三重奏曲第7番変ロ長調 作品97『大公』 シューマン　ピアノ三重奏曲第1番ニ短調 作品63 ドヴォルザーク　ピアノ三重奏曲第4番ホ短調 作品90『ドゥムキー』
12月12日	パリ／サル・プレイエル	シューベルト　ピアノ三重奏曲第1番変ロ長調 D. 898 ハイドン　ピアノ三重奏曲第39番ト長調 Hob.XV-25 シューマン　ピアノ三重奏曲第1番ニ短調 作品63
1929年		
5月9日	バルセロナ／カタルーニャ音楽堂	シューベルト　ピアノ三重奏曲第1番変ロ長調 D. 898 ブラームス　ヴァイオリンとチェロのための二重協奏曲イ短調 作品102
1930年		
3月9日	ロンドン／アルバート・ホール	ベートーヴェン　ピアノ三重奏曲第6番変ホ長調 作品70-2 ラヴェル　ピアノ三重奏曲イ短調 メンデルスゾーン　ピアノ三重奏曲第2番ハ短調 作品66

その他の曲目　○共演者・共演団体	注記
	ライオネル・パウエルが自身の生誕50年を記念して主催した巡回公演 場所不明の演奏会3回
	〃
	〃
	〃 場所不明の演奏会1回
	〃
	〃
カザルス　サルダーナ ○カザルス管弦楽団	
	イブス・アンド・ティレット主催

日付	場所／会場	主な曲目
3月17日	パリ／サル・プレイエル	ベートーヴェン　ピアノ三重奏曲第6番変ホ長調 作品70-2 ラヴェル　ピアノ三重奏曲イ短調 シューマン　ピアノ三重奏曲第3番ト短調 作品110
1931年		
3月13日	チューリッヒ／トーンハレ	メンデルスゾーン　ピアノ三重奏曲第1番ニ短調 作品49 ハイドン　ピアノ三重奏曲第39番ト長調 Hob.XV-25 シューベルト　ピアノ三重奏曲第1番変ロ長調 D. 898
5月30日	ジュネーヴ／ヴィクトリア・ホール	〃
5月31日	ヴヴェイ／カジノ・デュ・リヴァージュ	〃
6月1日	ベルン／カジノ大ホール	ハイドン　ピアノ三重奏曲第39番ト長調 Hob.XV-25 シューベルト　ピアノ三重奏曲第1番変ロ長調 D. 898 ベートーヴェン　ピアノ三重奏曲第7番変ロ長調 作品97『大公』
6月2日	バーゼル	〃
5月または6月	リエージュ	不詳
6月3日	ブリュッセル／パレ・デ・ボザール	シューベルト　ピアノ三重奏曲第1番変ロ長調 D. 898 シューマン　ピアノ三重奏曲第1番ニ短調 作品63 サン＝サーンス　ピアノ三重奏曲第1番ヘ長調 作品18
6月4日	パリ／サル・プレイエル	〃
6月5日	パリ／エコール・ノルマル・ド・ミュジック	ベートーヴェン　ピアノ、ヴァイオリンとチェロのための三重協奏曲ハ長調 作品56 ブラームス　ヴァイオリンとチェロのための二重協奏曲イ短調 作品102
1932年		
5月21日	ブリュッセル／パレ・デ・ボザール	ベートーヴェン　ピアノ、ヴァイオリンとチェロのための三重協奏曲ハ長調 作品56

その他の曲目　○共演者・共演団体	注記
	アンリ・ジョヴァンナ主催の巡回公演、カザルスの母親の死去により中止
	ルーヴル・デ・ザルティスト主催
	コンセール＝イザイの一環。イザイは前月に死去
ドビュッシー　ヴァイオリンとピアノのためのソナタ／チェロとピアノためのソナタ ○ディラン・アレクサニアン ○エコール・ノルマル・ド・ミュジック管弦楽団	エコール・ノルマル・ド・ミュジックの第17回私的演奏会
カザルス　サルダーナ ○ブリュッセル交響楽団 ○デジレ・デフォー（指揮）	イザイ記念碑建立のため

日付	場所／会場	主な曲目
5月22日	〃	〃
5月23日	パリ／サル・プレイエル	ベートーヴェン　ピアノ三重奏曲第1番変ホ長調 作品1-1／創作主題による14の変奏曲変ホ長調 作品44／ピアノ三重奏曲第5番ニ長調 作品70-1
5月25日	〃	ベートーヴェン　ピアノ三重奏曲第2番ト長調 作品1-2／ピアノ三重奏曲第4番変ロ長調 作品11／『私は仕立て屋カカドゥ』の主題による変奏曲ト長調 作品121a／ピアノ三重奏曲第6番変ホ長調 作品70-2
5月27日	〃	ベートーヴェン　ピアノ三重奏曲第3番ハ短調 作品1-3／ピアノ三重奏曲変ホ長調 作品63／ピアノ三重奏曲第7番変ロ長調 作品97『大公』
1933年		
5月9日	パリ／サル・プレイエル	ブラームス　ピアノ三重奏曲第3番ハ短調 作品101
5月11日	〃	ブラームス　ヴァイオリンとチェロのための二重協奏曲イ短調 作品102
5月13日	ストラスブール／パレ・デ・フェット	シューベルト　ピアノ三重奏曲第1番変ロ長調 D. 898 ハイドン　ピアノ三重奏曲第39番ト長調 Hob.XV-25 ベートーヴェン　ピアノ三重奏曲第7番変ロ長調 作品97『大公』
1934年		
3月27日	フィエーゾレ／ヴィラ・イル・レッチョ	ハイドン　ピアノ三重奏曲第39番ト長調 Hob.XV-25 メンデルスゾーン　ピアノ三重奏曲第1番ニ短調 作品49
3月28日	フィレンツェ／ピッティ宮殿のサラ・ビアンカ（白亜の間）	シューベルト　ピアノ三重奏曲第1番変ロ長調 D. 898 シューマン　ピアノ三重奏曲第1番ニ短調 作品63 ベートーヴェン　ピアノ三重奏曲第7番変ロ長調 作品97『大公』

その他の曲目　○共演者・共演団体	注記
イザイ　逃亡者 ○ブリュッセル交響楽団 ○デジレ・デフォー（指揮）	同上。アルベール国王とエリザベート王妃が臨席
ブラームス　ピアノとヴァイオリンのためのソナタ第２番イ長調 作品100／ピアノとチェロのためのソナタ第１番ホ短調 作品38	ブラームス生誕100周年記念
ブラームス　ピアノ協奏曲第１番ニ短調 作品15／ヴァイオリン協奏曲ニ長調 作品77 ○パリ交響楽団	ティボーがピアノ協奏曲を指揮、コルトーが二重協奏曲を指揮、カザルスがヴァイオリン協奏曲を指揮
	パッシーリ家のための私的演奏会
	アミーチ・デッラ・ムジカ主催

〈著者〉

フランソワ・アンセルミニ（François Anselmini）

歴史学教授資格取得。カーン大学歴史・領土・記憶研究チーム客員研究員。ミリアム・シメーヌ、ヤニック・シモン共同監修『占領下のパリにおける音楽（仮）』（ファヤール社、2013年）の執筆陣に参加。

レミ・ジャコブ（Rémi Jacobs）

パリ国立高等音楽院卒、高等研究実習院音楽学博士課程修了。EMI クラシックスのコレクションディレクターとして、ジョルジュ・シフラ、サンソン・フランソワ、アルフレッド・コルトー、イヴ・ナット、マルセル・メイエ、アルド・チッコリーニの復刻 CD 全録音集などを手がけた。『エイトル・ヴィラ＝ロボス（仮）』（ブルー・ニュイ社、2010年）を執筆するなど、現在は音楽学研究に専念。著書の邦訳に『交響曲』（白水社、1983年）、『メンデルスゾーン 知られざる生涯と作品の秘密』（作品社、2014年）がある。

両著者による共著『アルフレッド・コルトー（仮）』が2018年にファヤール社から刊行された。

〈訳者〉

桑原　威夫（くわばら　たけお）

1962年神奈川県藤沢市生まれ。1993～98年フランス・リヨン滞在。1999年より在日フランス大使館広報部勤務。訳書にマルク・ソリアノ編著『ヴァイオリンの奥義――ジュール・ブーシュリ回想録（1877→1962）』（音楽之友社、2010年）がある。

François Anselmini et, Rémi Jacobs : **“Le Trio Cortot – Thibaud – Casals”**
Préface du Trio Wanderer

コルトー＝ティボー＝カザルス・トリオ

二十世紀の音楽遺産

2022年7月20日　第1刷発行

著　者――――フランソワ・アンセルミニ／レミ・ジャコブ
訳　者――――桑原　威夫
発行者――――神田　明
発行所――――株式会社　**春秋社**
〒101-0021 東京都千代田区外神田2-18-6
電話　03-3255-9611
振替　00180-6-24861
https://www.shunjusha.co.jp/
印刷所――――株式会社　太平印刷社
製本所――――ナショナル製本　協同組合
装　幀――――伊藤　滋章

Printed in Japan, Shunjusha.
ISBN 978-4-393-93227-8　C0073
定価はカバー等に表示してあります。